AF384070

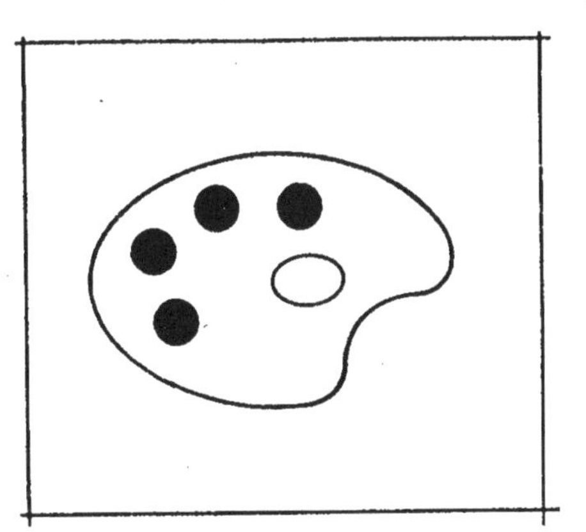

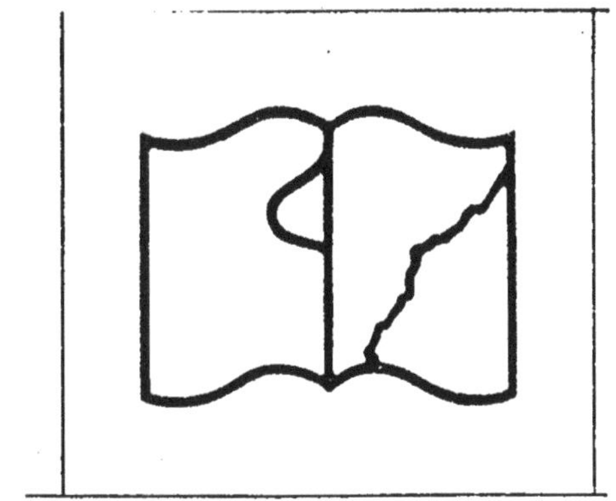

HENRI TRICARD, S. J.

DRAMES
EN UN ACTE, EN VERS

PALESTRINA. — L'HÉRITAGE.
BLASÉ? — NUIT D'ORAGE. — MÉTASTASE.
GRATIA. — LA MENNAIS.

PARIS

RETAUX-BRAY, LIBRAIRE-ÉDITEUR
82, RUE BONAPARTE, 82

LIBRAIRIE DE RETAUX-BRAY, ÉDITEUR

82, rue Bonaparte, à Paris,

Lionel Hart, engagé volontaire, glorieusement tombé au Tonkin, à vingt ans, par le P. PRALON, de la Compagnie de Jésus. 1 beau vol. in-16. 2 fr. 50.

Combien je regrette de n'avoir que quelques lignes pour présenter ce livre au lecteur ! C'est l'histoire d'un jeune homme d'origine anglaise qui, à la fin de 1883, alla rejoindre la légion étrangère et prendre place dans ses rangs comme soldat de la France au Tonkin. Il avait dix-neuf ans. Comme il était bon chrétien, il devait être conséquemment brave et supporta avec une obéissance aveugle la dure existence du soldat. Elle fut dure, en effet, et traversée par mille épreuves, l'année qu'il passa avant de trouver la mort dans ce pays meurtrier où tant des nôtres ont succombé. Mais il s'y distingua comme un héros, fut félicité par ses chefs et devint sous-officier.

Lionel Hart écrivait à ses parents et prenait des notes sur les événements dont il était témoin, si bien qu'il a suffi au Père Pralon de coordonner ces écrits pour pouvoir donner le vivant portrait de ce héros de vingt ans qui, fidèle à sa devise, sut faire son devoir jusqu'au bout.

Rien de plus touchant à lire que ces échappées du cœur chez ce jeune homme qui n'a d'autres affections que celles de Dieu, de sa famille et de sa patrie d'adoption, et qui, après avoir fait l'admiration de ses camarades par son courage, les édifia par sa résignation et sa piété dans ses derniers moments.

H. PELLERIN.

Joseph de Larminat, lieutenant de vaisseau, mort à Kelung (Formose) le 19 février 1885, par le P. LE GÉNISSEL, de la Compagnie de Jésus. 1 vol. in-18 jésus orné d'une carte. 2 francs.

Théodore Wibaux, zouave pontifical et jésuite, 4ᵉ édition, revue soigneusement. 1 beau vol. grand in-18. 3 fr. 50

1783. — ABBEVILLE, TYP. ET STÉR. A. RETAUX. — 1888.

DRAMES

EN UN ACTE, EN VERS

8°Yf
426

DU MÊME AUTEUR :

LE LIS SANGLANT

DRAME EN QUATRE ACTES, EN VERS

1 joli vol. in-;2 2 fr.

1752. — ABBEVILLE, TYP. ET STÉR. A. RETAUX. — 1888.

HENRI TRICARD, S. J.

DRAMES

EN UN ACTE, EN VERS

PALESTRINA. — L'HÉRITAGE.
BLASÉ? — NUIT D'ORAGE. — MÉTASTASE.
GRATIA. — LA MENNAIS.

PARIS

RETAUX-BRAY, LIBRAIRE-ÉDITEUR

82, RUE BONAPARTE, 82

1888

Droits de traduction et de reproduction réservés.

PRÉFACE

Beaucoup de collèges, de cercles, de patronages conservent l'usage des représentations dramatiques. Il y a des circonstances, assez nombreuses, où il n'est ni possible ni nécessaire de monter une pièce aux vastes proportions, et où cependant un acte trouve naturellement sa place.

Dans l'espoir de répondre, pour notre modeste part, à ce besoin qu'on nous a souvent exprimé, nous avons composé ces petits drames.

Littérairement, nous avons mis tous nos soins à les concevoir et à les écrire.

Moralement, ils offrent une idée utile, mais surtout une impression fortifiante et généreuse.

Ces pièces, courtes et simples, présentent une variété assez grande : elles parcourent tous les degrés de la poésie dramatique, depuis la comédie jusqu'au lyrisme.

Nous ne prétendons pas que toutes soient propres à toutes les scènes : *Gratia* et *Palestrina*, par l'élévation du sujet, demandent des auditoires choisis. L'expérience a prouvé cependant qu'il est possible de les représenter et de les faire accueillir. D'ailleurs, ce qu'on ne jouera pas, on le lira du moins. Nous sommes-nous abusé en pensant que ces pages pourraient offrir quelque attrait aux âmes chrétiennes amies d'une bonne et saine poésie?

En dépit du titre, nous donnons dans ce volume une petite comédie en deux actes (1).

H. T., s. J.

Paris, 22 février 1888.

---

(1) Nous publions en même temps chacune des pièces en brochure distincte.

SONNET A L'AUTEUR

Prédirons-nous la gloire à ces nobles essais,
Enfants déjà nombreux d'un père jeune encore ?
Un charme grave et pur à nos yeux les décore ;
Mais le monde est si vain ! — Mon frère, tu le sais.

Et quel chemin prends-tu pour aller au succès ?
Fuyant les vils tableaux que le vulgaire adore,
D'un trop chaste idéal ton drame se colore ;
La morale est trop haute, et le vers trop français.

Eh bien ! nous serons fiers quand sur une humble scène
Tu feras resplendir la beauté mâle et saine,
Quand tu seras goûté de ceux qui goûtent Dieu.

Si le génie en nous eût allumé sa flamme,
Frère, pour notre honneur serait-ce donc trop peu
D'aider un seul moment le vol d'une seule âme ?

G. LONGHAYE, S. J.

PALESTRINA

I. — Jean PIERLUIGI, surnommé PALESTRINA, naquit en 1529, à Palestrina. De son temps, les plus graves abus s'étaient glissés dans la musique d'Église. Les compositeurs écrivaient des messes en prenant pour thèmes des airs populaires. Quelques-uns osaient mêler au texte sacré les paroles d'une chanson vulgaire et parfois licencieuse. C'était ce qu'on appelait le contre-point fleuri ou la musique farcie. Le Pape Pie IV avait résolu de supprimer la musique religieuse, en dehors du plain-chant. Cependant le jeune saint Charles Borromée, neveu du Pape, cardinal et archevêque de Milan, désirait sauver la musique. Sur sa demande, Palestrina composa trois messes. Toutes trois, mais surtout la dernière (Messe du Pape Marcel), excitèrent l'enthousiasme de la Commission d'examen, où figuraient le jeune archevêque et le cardinal Vitellozzi. Le 29 juin 1565, le Pape lui-même entendit cette dernière messe : il fut transporté d'admiration et renonça au projet (1).

II. — Sur le génie musical de Palestrina, nous recueillerons quelques témoignages. De son vivant, il fut surnommé le Prince de la Musique; ce titre décore le tombeau qu'on lui a érigé à Saint-Pierre de Rome. Depuis trois siècles et plus, dans les grandes cérémonies de la Semaine

(1) Les auteurs ne s'accordent pas sur cette date. — M. Félix Clément révoque en doute le projet du Pape. — Toute la biographie de Palestrina est pleine d'incertitudes.

Sainte, à la Chapelle Sixtine, on chante la musique de Palestrina, notamment cette admirable messe du Pape Marcel (1).

« Personne, dit C. Cantù, ne s'est élevé à la puissance, à l'accent profond, à la mystique tendresse, à la suavité enchanteresse de ce grand maître. » Le Corrège, près de mourir, rêva qu'il retrouvait Palestrina au ciel et que cette rencontre était pour lui le commencement de la béatitude éternelle. Le savant père Martini, l'abbé Baini, M. Félix Clément, célèbrent à l'envi le grand artiste. La Mennais exalte « son génie sans rival » ; Gounod, « ses œuvres impérissables ». Fétis parle ainsi : « Créateur du seul genre de musique religieuse qui soit conforme à son objet, il atteignit le dernier degré de perfection. » Et spécialement de la Messe du Pape Marcel il dit : « L'illustre compositeur a su donner à son ouvrage un caractère de douceur angélique... C'est le plus grand effort du talent. C'est le désespoir de quiconque a étudié sérieusement le mécanisme et la difficulté de l'art d'écrire (2). »

III. — Il reste à parler du caractère de l'homme dans *Palestrina.* — Notre petit drame n'est point une peinture historique : le maître ne fait qu'y prêter son nom au type idéal de l'artiste chrétien et mystique. Cependant,

(1) Elle est chantée deux fois par an : le Samedi Saint et le 29 juin.

(2) Victor Hugo a payé, lui aussi, son hommage à Palestrina ; mais il l'a peu compris. (*Les Rayons et les Ombres,* n° 35. Que la musique date du XVIᵉ siècle.)

Palestrina dut tirer d'une âme élevée, croyante, pieuse, ses inspirations si pures. D'ailleurs, nous avons mieux que des conjectures. Pauvre toute sa vie, malgré la protection sympathique de Jules III, de Pie IV, de saint Pie V, et malgré d'illustres amitiés, Palestrina ne dut qu'à une aumône de pouvoir imprimer ses œuvres. Il disait alors : « Que cela se fasse au plus tôt *pour la gloire du Tout-Puissant et la célébration de son culte.* » — Dans la préface de ses *Lamentations*, dédiées à Sixte-Quint, après avoir confessé son dénuement, il ajoute ces mots, où se révèle le véritable artiste : « Toutefois, je rends grâce à la bonté divine qui a permis que, malgré mes grands embarras, je n'aie jamais interrompu l'étude de la musique, où j'ai trouvé la consolation de mes chagrins. » Avec son amour de l'art, un mot touchant montre son humilité et sa foi simple. Sur le manuscrit de la Messe du Pape Marcel, il écrivit cette prière dans une heure de ténèbres et d'angoisse : « Seigneur, aidez-moi ! »

Palestrina mourut pieusement entre les bras de saint Philippe de Néri.

Si notre poème semble une thèse traduite en lyrisme, nous ne prétendons nullement généraliser cette thèse. On peut analyser une forme de l'inspiration artistique, la plus belle, la plus haute de toutes, sans imposer à l'artiste un idéal si relevé : pourvu qu'il respecte la morale, dont les droits sont souverains, libre à lui de rester dans une région plus accessible et plus humaine.

PERSONNAGES

Le Pape PIE IV.

PALESTRINA (Giovanni Pier Luigi da).

LUIGI, neveu de Palestrina (12 ans).

Le Cardinal VITELOZZI.

Le Chevalier VIVARINI, noble dilettante.

Prélats et Seigneurs de la suite du Pape.

Un Garde.

Au Vatican, 29 juin 1565.

PALESTRINA

TABLEAU LYRIQUE

UNE VASTE SALLE. — PAR LES GRANDES FENÊTRES DU FOND, ON APERÇOIT SAINT-PIERRE. — A GAUCHE, SECOND PLAN, UN FAUTEUIL AUX ARMES DU PAPE, ET ÉLEVÉ D'UN SEUL DEGRÉ. — UNE AUTRE SALLE S'OUVRE A DROITE. — BELLE ET CLAIRE JOURNÉE DE JUIN.

SCÈNE I

LE CARDINAL VITELOZZI, LE CHEVALIER VIVARINI

Au lever du rideau, on entend le chœur répétant des fragments du morceau qu'il chantera à la scène VI (¹). Après un instant, le cardinal entre par la gauche dernier plan, le chevalier par la droite : ils se rencontrent.

LE CARDINAL

Au Vatican, déjà ?

LE CHEVALIER, s'inclinant.

Monsieur le Cardinal...

LE CARDINAL

Écoutez ! — D'où nous vient ce concert matinal ?

LE CHEVALIER, souriant.

Votre Éminence oublie.

LE CARDINAL

Et quoi donc ?

LE CHEVALIER

Le Saint-Père
Ne doit-il pas trancher — et pour nous, je l'espère —
Ce chaleureux débat, demeuré suspendu... ?

LE CARDINAL

Vous espérez ? — Bientôt vous serez confondu.
En vain, pour conquérir un illustre suffrage,
Palestrina choisit dans son plus bel ouvrage
Le plus brillant morceau que sa plume ait écrit :
Le front paré de fleurs, son art sera proscrit.

LE CHEVALIER, inquiet.

Le Pape aurait-il donc révélé sa pensée ?

LE CARDINAL

Elle est secrète encor, mais je la crois fixée.

LE CHEVALIER

Cependant le procès n'est certes pas jugé :
Notre jury flottant, hier, s'est partagé.

LE CARDINAL

Bien à tort, chevalier.

LE CHEVALIER

Je le crois, Éminence.
— Tous votaient avec moi, si, par votre influence...

LE CARDINAL, riant.

Ah ! je suis le coupable !

LE CHEVALIER

Hélas ! et sans remord.
Quoi donc ! pour des abus, faut-il frapper à mort,
Expulser et flétrir la musique sacrée ?
De nos temples chrétiens on lui ferme l'entrée ?
Quoi ! devant nous, hier, quand le chœur entonna
Ce chant, le plus beau chant du grand Palestrina,
Le flot harmonieux, en baignant tout Saint-Pierre,
Ne vous pénétrait pas de paix et de prière ?
Et le réformateur, d'un saint zèle animé,
A pu demeurer froid, et n'a pas désarmé ?

LE CARDINAL

J'aime Palestrina, j'aime ce pur génie.
Mais un homme est mortel ; et — sa course finie —

La foule revient vite au goût qui la séduit.
En lâche courtisan, l'art esclave la suit ;
Il flatte ses désirs par des œuvres malsaines.
Des airs liés d'abord à des refrains obscènes
Prêtent aux saints versets leurs scandaleux accords ;
Et voici revenus, malgré tous les efforts,
Les couplets libertins qu'on murmure en sourdine.
Profanant sans pudeur la parole divine,
Comme autrefois, on ose unir dans un seul air
Les cantiques du ciel et les chansons d'enfer.
— Oui, réformer cet art à mes yeux n'est qu'un rêve.
Malade inguérissable, il vaut mieux qu'on l'achève.

LE CHEVALIER

On pourra le guérir, et quel divin bienfait !
Tout ce que nous rêvons, Palestrina l'a fait.

LE CARDINAL

Toujours Palestrina ! J'admire sa musique.
Grand chrétien, noble esprit, âme tendre et mystique,
Il écoute d'abord dans son sein recueilli,
Puis fixe les accords dont il a tressailli.
Oui, ses chants sont pieux, vraiment faits pour le temple.
Mais, hélas ! qui suivra son glorieux exemple ?

LE CHEVALIER

Cependant...

LE CARDINAL

Pardonnez, le temps me presse. Adieu.
Nous nous retrouverons dans une heure en ce lieu.

SCÈNE II

LE CHEVALIER

Une heure!... Faudra-t-il voir condamné de Rome
Ce grand art, le plus beau qu'ait jamais trouvé l'homme?
Mais non !
    — Palestrina !

SCÈNE III

LE CHEVALIER, PALESTRINA, LUIGI

LE CHEVALIER

Cher maître, vous voici?

PALESTRINA

Oui; le Pape, Signor, doit écouter d'ici.
Montrant la salle à droite.

Les chanteurs se tiendront dans la salle voisine.

LE CHEVALIER

Eh ! quelle est, dites-moi, cette tête mutine?

PALESTRINA, regardant Luigi avec affection.

C'est le fils de ma sœur, un orphelin.
— Luigi,
Saluez le Signor... — Voyez : il a rougi.

LE CHEVALIER, lui frappant paternellement sur la joue.

Timide enfant !

PALESTRINA

Sa voix est limpide et jolie ;
Par un constant labeur nous l'avons assouplie :
Il va chanter...

LE CHEVALIER

J'entends. Et tout est préparé ?

PALESTRINA

Tout est prêt. — Mais, hélas ! je suis peu rassuré.

LE CHEVALIER

Vous guiderez le chœur ?

PALESTRINA

Diriger en personne ?
Non. Je me sens troublé ; ma main tremble et frissonne...
Guidetti conduira (2).

LE CHEVALIER

Il a pris des mains de Palestrina un cahier et l'examine.

Quoi ! vraiment, vous doutez ?

Désignant le cahier.

Ce morceau resplendit de divines beautés !

PALESTRINA, *avec un mélange d'enthousiasme et de mélancolie.*

Ah ! qu'il était plus béau, quand plongé dans l'extase,
Dans le recueillement où mon âme s'embrase,
Je l'entendais chanter tout au fond de mon cœur !
Si je l'avais écrit, certes, il serait vainqueur...
— On tente de fixer la vision sacrée :
La fleur la plus exquise et la plus éthérée
Pâlit ; le séraphin qui nous venait des cieux
D'une aile dédaigneuse y remonte à nos yeux.
Le céleste parfum s'envole et s'évapore,
Et que me reste-t-il ?

LE CHEVALIER

Une merveille encore.

PALESTRINA, *triste.*

Je ne sais.

LE CHEVALIER

Espérez. Votre triomphe est sûr.

PALESTRINA

Mon triomphe! — Non... non... mon désir est plus pur.
— Vous me voyez ému, car l'heure est solennelle.
Mais je ne défends pas ma cause personnelle,
Je défends un grand art dont la vie est en jeu.

LE CHEVALIER

A cet art sans regret vous pourriez dire adieu ?

PALESTRINA

Jamais, signor, jamais. Personne sur la terre
Ne pourra m'en ôter la douceur solitaire.
Peut-être, en poursuivant librement mon chemin,
J'aurais trouvé la gloire, acquis l'honneur humain :
Ces biens me sont ravis si l'on barre ma route...
La gloire ! O vanité ! Bien vite on s'en dégoûte,
Et la perte vraiment ne vaut pas un regard.
La foule la refuse et l'accorde au hasard ;
Moins que ses engouements, ses dédains sont étranges,
Et le blâme est moins dur que certaines louanges.
Non, la gloire n'est rien ! Non, ma crainte, Seigneur,
N'est pas de voir crouler mon espoir de bonheur.
Le bonheur, c'est pour moi de rentrer en moi-même,
C'est d'y chercher le beau, ce beau profond que j'aime.

Avec intention et délicatement.

Le bonheur, c'est parfois de trouver un ami
Qui, sous l'œuvre imparfaite, ébauchée à demi,
Découvre l'idéal, le sente, le devine,
Et s'enchante avec moi de sa beauté divine.

Calme et noble plaisir, vierge de tout orgueil !
— Rien ne m'en privera : je le lis dans votre œil.

LE CHEVALIER, ému.

Ah ! si jamais le sort vous devenait contraire,
— Je n'étais qu'un ami, — je deviendrais un frère :
De toutes vos douleurs je voudrais la moitié...

Lui serrant la main.

Rien en moi, sachez-le, ne vaincra l'amitié.

PALESTRINA

Oh ! merci pour ce mot !

LE CHEVALIER

Je vous quitte, cher maître.
Attendez le Saint-Père : il va bientôt paraître.

Palestrina fait un geste découragé.

Quoi ! vous craignez encor !

PALESTRINA

Je le crois résolu.

LE CHEVALIER

Peut-il avoir fixé son arrêt absolu ?
En deux groupes égaux le jury se partage.
Le cardinal-neveu (3), sans compter mon suffrage,
Défend avec ardeur l'art qu'on veut repousser.
Le Saint-Père, à bon droit, peut, je crois, balancer.

Mais s'il doute, du Beau la douce violence
Va, j'ose l'assurer, emporter la balance.

SCÈNE IV

PALESTRINA, LUIGI.

Pendant la scène précédente, Luigi a feuilleté un album qui se trouve sur une table à droite. Par moments cependant, il a prêté l'oreille.

LUIGI

Mon oncle...

PALESTRINA

     Eh bien, pourquoi cet air triste, chagrin,
Luigi? qu'est devenu ton front clair et serein?

LUIGI

Mon oncle, vous souffrez.

PALESTRINA

     Ton amour s'en afflige?

LUIGI

Oui. Malgré ces douleurs, enfin, qui vous oblige
A poursuivre un travail plein d'angoisse...

PALESTRINA

> Est-ce à moi
Qu'on dit de renoncer... ? Tais-toi, mon fils, tais-toi !

Un silence. (Désormais, dans toute cette scène, il y a un mélange de passages adressés à Luigi et de quasi-monologues où Palestrina, rêveur, oublie l'enfant pour se parler à lui-même.)

Oui, l'art — il est bien vrai — nous remplit de souffrance...
Pour égaler le beau, lutter sans espérance,
Certain d'être vaincu dans cet âpre combat;
Sentir la foi qui tombe et l'ardeur qui s'abat;
Puis, de l'œuvre enfantée à sa source idéale,
D'un regard douloureux mesurer l'intervalle;
Voir ce poème enfin sorti de notre cœur
Affronter le sarcasme et le dédain moqueur,
Subir de l'ignorant la critique insolente;
Tout cela c'est l'épreuve et l'épreuve accablante.

Assis et attirant Luigi. — (Mélodrame à l'orchestre.)

De notre vie à nous telle est l'austère loi.
Et pourtant je voudrais, mes deux mains sur ta tête,
Te sacrer artiste, poète,
Évoquer le génie et l'appeler en toi :
Je t'aurais fait une âme... oh ! la belle victoire !
Libre de vils soucis, plus haute que la gloire,
Vivant sur les sommets, de prière et de foi.

Je t'aurais fait une âme d'ange,
Hermine, qui mourrait pour éviter la fange.
Car l'homme à la pudeur peut jeter ses défis,

Il peut dorer le crime, il peut sculpter la boue,
Mais l'auteur est flétri, mais l'art le désavoue :

Énergique.

Retiens-le, retiens-le, l'art est chaste, mon fils !

Je t'aurais fait aussi l'âme douce et sereine.
Il faut, pour refléter la Beauté souveraine,
Un cœur calme et profond (4), pareil au miroir pur
Où les lacs, de nos monts gloire et charme suprême,
Perles dont l'Apennin orne son diadème,
Peignent notre beau ciel en diaphane azur...

Oubliant Luigi, et tout pensif.

Si l'artiste est en paix, l'œuvre même est paisible,
Suave, douce, offrant des plaisirs délicats;
Elle fuit l'étalage, elle hait le fracas,
        Parle à mi-voix de l'invisible,
Nous touche, nous émeut et ne nous trouble pas...

Une pause.

Oui, mon fils, aime l'art, consolateur fidèle,
        Discret et secourable ami,
        Qui vient quand la douleur l'appelle,
    Et qui répond quand le cœur a gémi.

Vous vous entendrez bien... Oui, j'en ai l'assurance :
Déjà, pauvre orphelin, tu connais la souffrance;
Sur ton front de douze ans le chagrin s'est posé :
Et sur les fronts en deuil l'art volontiers se penche,
        D'un sein meurtri le beau s'épanche

Comme un parfum subtil fuit d'un vase brisé,
La poésie à flots sort de l'âme souffrante,
Comme au fond des grands bois, quand le pied du chasseur
Écrase en la foulant une plante odorante,
    La sève saigne, et la fleur expirante
    Embaume l'air avec plus de douceur...

Un silence.

LUIGI, pensif.

L'art, dites-vous...

PALESTRINA

Eh bien ?

LUIGI

            Votre accent me pénètre ;
Un écho lui répond dans mon sein palpitant.
Mais j'entrevois à peine et voudrais mieux connaître
L'objet mystérieux que vous chérissez tant.

PALESTRINA, contemplant Luigi et se parlant à lui-même.

Il dit vrai... Son esprit n'est qu'une aube naissante...
Si jeune! Pauvre enfant, il a pour tout trésor
Sa douce et fraîche voix, sa candeur innocente...
— Comment lui révéler ce qu'il ignore encor ?

Il réfléchit un moment. — Assis et appelant Luigi.

Voyons ! aimes-tu Dieu, mon Luigi?

LUIGI

Si je l'aime !
Il m'a donné mon père, et ma mère... (caressant), et vous-
[même.

PALESTRINA

Ainsi, du bienfaiteur tu contemples le don,
Et ton cœur le chérit ?

LUIGI

Oui, parce qu'il est bon.

PALESTRINA, avec une émotion contenue.

Ah ! je l'aime aussi, moi ! C'est là toute ma vie.
Pour lui mon âme éprouve, à tout jamais ravie,
Cette indomptable ardeur qui brave le tombeau.
J'aime Dieu, mon enfant, —
mais parce qu'il est beau !

Il se lève.

O du grand art source haute et sacrée,
Source de la foule ignorée,
Radieuse beauté qui m'as rempli d'amour ;
Béni soit le moment où je t'ai rencontrée :
Des jours que j'ai vécus c'est le plus heureux jour.

Je ne veux plus que Toi ; c'est Toi que je réclame...
— Depuis lors, mon Luigi, s'est creusé dans mon âme

Un vide tel que les biens d'ici-bas,
Que des fleuves de joie, en confondant leurs ondes,
Envahiraient en vain ses régions profondes
Et, grandissant toujours, ne la rempliraient pas.

D'une céleste faim je la sens consumée.
Elle a faim de Dieu ! Loin de Lui,
Loin du Seigneur qui l'a charmée,
D'un accablant exil elle porte l'ennui.

LUIGI

Oui, ce désir vous tue, et pourtant — chose étrange!
Vous le gardez obstinément !

PALESTRINA

Ah! je l'aime, et le veux, et l'appelle ardemment !
De joie et de douleur mystérieux mélange,
Aucun plaisir ne vaudrait ce tourment.

Va, je plains ces heureux, hommes vains et frivoles,
Dont le poids de l'exil n'a point courbé les fronts,
Indignes de goûter, parmi leurs gaités folles,
L'ennui sacré qui dort dans tous les cœurs profonds.

— Dieu te le donne, enfant ! Dieu fasse en toi le vide;
Qu'il te rende bientôt, s'il le veut, aujourd'hui,
De sa Beauté sans tache éperdûment avide :
S'il creuse cet abîme, il l'emplira de Lui...

2.

Avec une ardeur concentrée.

Alors, on va cherchant dans l'immense nature
    L'objet dont le cœur est épris.
  On le demande à toute créature
Et vers lui le désir fait monter de grands cris...

LUIGI, avec compassion.

Quelle angoisse, mon Dieu!... N'est-il rien sur la terre
Qui du moins un moment apaise cette faim?

PALESTRINA

Quoi ! La beauté créée ? Ah ! le Beau que j'espère
Il me le faut sans borne, il me le faut sans fin.

Oui, j'aime ces objets : la mer vaste et sereine,
Les grands monts hardiment découpés sur l'azur,
Et les feux dont la nuit pare son front de reine,
Et le candide enfant à l'œil naïf et pur.
J'aime les chastes fleurs qu'un doux éclat colore,
Que balance la brise en vivants encensoirs,
    Le gai renouveau de l'aurore,
    La majesté calme des soirs.

Tout cela, c'est la joie, — et pourtant la souffrance,
Car tout cela, Luigi, réveille l'espérance,
Et, sans le satisfaire, irrite le désir.
Par ses rayons pâlis, cette beauté mortelle
    Relance l'âme au Dieu qu'elle rappelle.
L'âme bondit, retombe, et ne peut le saisir (5).

Se recueillant alors dans un profond silence,
    Avec ardeur, presque avec violence,
Elle évoque au dedans l'idéal adoré.
Elle voulait le Beau : l'univers le refuse,
Mais voici qu'une image indécise et confuse
Apparaît sous le voile à demi déchiré.

    Pour la fixer, cette image flottante,
        Il faut l'attirer au dehors,
        Puis, toute vive et palpitante,
        L'incarner, lui donner un corps.

Alors Buonarotti prend la pierre massive ;
Son génie et sa foi l'enlèvent dans les airs,

Désignant Saint-Pierre.

Et le dôme effrayant dit à l'âme pensive
Les grandeurs de Celui qui créa l'univers.

Alors notre Sanzio saisit une palette ;
L'amour et l'idéal inspirent son pinceau ;
Il peint ces fronts de Vierge où le ciel se reflète,
Ce Dieu qui se trahit dans l'enfant au berceau.

        Alors, alors le sombre Dante
Tout frissonnant encor des jugements de Dieu,
Jette au moule des mots, comme une lave ardente,
Les sublimes pensers de son âme de feu.

Humblement.

Alors, ayant longtemps écouté l'harmonie
Que l'invisible chœur lance aux échos du ciel,

Je tente d'égaler en douceur infinie
Le cantique nouveau qu'il dit à l'Éternel (6)...

L'art est un chant d'exil : il gémit, il soupire.
    C'est un cri d'espoir : il désire,
    Il monte et vole au Dieu vivant.
Il ne rend du Seigneur qu'une chétive image ;
Mais l'effort et l'échec sont tous deux un hommage :
L'art que l'amour anime est un culte fervent (7).

(Fin du mélodrame.)

SCÈNE V

PALESTRINA, LUIGI, LE PAPE, LE CARDINAL VITELOZZI, LE CHEVALIER VIVARINI, UN GARDE, CORTÈGE.

Le Pape, en soutane et calotte, entre par la droite dernier plan, sans aucun appareil. Il n'a qu'un petit cortège de familiers.

UN GARDE, frappant de sa hallebarde.

Sa Sainteté !

PALESTRINA, à part.

Seigneur, aidez-moi (8) !

LE CARDINAL

Très saint Père,

Voici le maëstro.

LE CHEVALIER, bas à Palestrina.

Ne tremblez pas. J'espère.

LE PAPE, en passant devant Palestrina, qui s'efface ; — avec bonté.

C'est vous, Palestrina ?

PALESTRINA

Saint-Père...

Le Pape se rend à son fauteuil. Palestrina se prosterne.

LE PAPE, le relevant.

Et près de vous,

Votre fils ?

PALESTRINA

Mon neveu.

LE PAPE, paternel.

Visage aimable et doux.

PALESTRINA

C'est un jeune orphelin qui n'a que moi sur terre.

LE PAPE, toujours avec une bienveillance marquée.

Dieu le protège au ciel.

Le Cardinal semble étonné. Le Chevalier observe le Pape avec une expression d'espoir et de joie. Le Pape prend un parchemin des mains du Cardinal. — A Palestrina.

     Je ne puis vous le taire,
Maître, c'est un arrêt que nous tenons en main.
Une bulle... Lisez... Prenez ce parchemin.

 Palestrina lit tout bas.

   LE CARDINAL, résumant la bulle.

Le plain-chant règne seul, et toute autre harmonie
Des saintes fonctions est désormais bannie.

  PALESTRINA rend la bulle au Cardinal. (Le Pape la reprend.)

S'il faut immoler l'art..., c'est le fils de mon cœur :
L'artiste gémira ; mais le chrétien vainqueur
Frappera l'Isaac que le Seigneur réclame.

  LE CHEVALIER, en regardant le Pape ; à Palestrina.

Le Seigneur sauvera cet enfant de votre âme.

    LE PAPE

Suspendra-t-il le coup que nous voulions lancer ?
Nous allons vous entendre...

   PALESTRINA, bas.
     Hélas !

    LE PAPE
      ... et prononcer.

   PALESTRINA

L'épreuve, je l'avoue, accable mon courage.
Eh quoi ! sur mon essai, pauvre et débile ouvrage,

D'un grand art, ô mon Dieu, l'on va fixer le sort,
Et pour lui mon échec est un arrêt de mort !

LE PAPE

Mon fils, le chant qui sied à nos fêtes sacrées,
Auguste mélodie aux notes inspirées,
Langue de l'âme sainte et du peuple chrétien,
C'est — vous en conviendrez — le chant grégorien.

PALESTRINA, convaincu.

Il est l'honneur du temple et de la liturgie.
Rien ne peut égaler sa puissante énergie,
Rien ses divins soupirs et ses profonds accents.
Ce chant venu du ciel, je l'aime, je le sens.
Le détrôner ! qui donc aurait pareille audace ?
Non ! qu'il reste à jamais à la première place.
Pourtant l'art ne peut-il sur des thèmes si beaux
Déployer sa richesse en des essais nouveaux ?
Tout charme s'affaiblit avec l'accoutumance.
Qu'on le suspende alors : bientôt il recommence
Mieux goûté, plus vivant et comme rajeuni...
— Si le chant musical de l'Église est banni,
Le zèle des pasteurs sera-t-il sans alarmes ?

LE PAPE

Expliquez-vous.

PALESTRINA

Les arts sont de puissantes armes.
Sains, ils font monter l'homme aux sublimes hauteurs,

Mais, corrompus, ils sont d'effrayants corrupteurs.
Et qui protège l'art contre la décadence (9) ?
C'est l'Église, Saint-Père. En sa tendre prudence,
Elle ouvre un sein de mère à ce volage enfant ;
Son amour anxieux l'y garde, l'y défend.
De sa main maternelle il reçoit le baptême.
Il sert au culte saint : cette gloire suprême,
Ce tout divin emploi l'enchaîne à l'idéal.
Il défend à son tour l'art humain son rival :
Sa fière chasteté stigmatise et condamne
Les coupables écarts de la muse profane.
Mais d'un si pur honneur les arts découronnés
S'élanceront bientôt ; affranchis, effrénés,
On les verra glisser sur la pente fatale,
Sombrer dans l'impudeur insolente et brutale.

LE CHEVALIER, au Pape.

Ah ! plutôt, laissez-les habiter le saint lieu,
Et qu'il nous soit permis de chanter notre Dieu !

PALESTRINA

Faut-il, devant l'autel dressant une barrière,
Dire aux maîtres chrétiens : « Éloignez-vous ; arrière !
Notre chant, immuable et rigide, est fixé ;
L'Église vous rejette et s'enchaîne au passé (10) ? »
— Pour le culte, partout, du Piémont à la Pouille,
Dans le marbre dompté le ciseau creuse et fouille,
Et la toile frémit sous l'élan des pinceaux ;
La fresque rit aux yeux dans les sveltes arceaux,

Et la musique, où l'âme éclate tout entière,
L'art le plus dégagé de la lourde matière,
Serait le seul proscrit et le seul écarté :
Qui rendra comme lui l'invisible beauté?

LE PAPE

Nous devons applaudir à ce noble langage.
Des plus hauts sentiments c'est l'infaillible gage.
Mais les maîtres fameux — vous en êtes témoin —
De ces graves pensers sont aujourd'hui bien loin.
De gais refrains, écrits pour amuser l'oreille,
Des airs amollissants qu'on entendait la veille
Dans de mondains concerts par cent voix répétés,
Sont devant les autels cyniquement chantés...
D'un incurable mal la musique est frappée...

PALESTRINA, avec feu.

Non, non! ces vils produits, une gloire usurpée
Sous un titre d'honneur les pare injustement.
De l'art, de la musique, eux! Non! Le titre ment.

LE PAPE, souriant à demi de l'indignation de Palestrina.

Et l'art, c'est d'après vous?...

PALESTRINA s'arrêtant comme effrayé.

                        Oh ! je ne puis, je n'ose
Définir en ce lieu cette sublime chose.
J'ai peur de l'amoindrir.

LE PAPE

> Du moins, vous savez bien
> Ce qu'il est à vos yeux. — Parlez, ne craignez rien.

PALESTRINA, après s'être recueilli.

Très Saint Père, mes chants sortent de la prière (11).
J'abîme devant Dieu mon front dans la poussière.
Humble, pauvre, impuissant, j'attends le don du ciel.
Mon désir monte à Dieu comme un ardent appel.
Souvent même je vais à la table divine...
Jésus se donne... Il vit, Il vit dans ma poitrine,
Lui, le Beau sans mélange, idéal et réel !...
Prosterné, recueilli, je sens au fond de l'âme
Et la féconde ardeur, et la brillante flamme :
Alors ma joie éclate et bénit l'Éternel.

Un silence.

Ce feu céleste, il doit remonter sans rapine
En holocauste pur, au Dieu qui m'illumine...
> J'ai reconnu, j'ai fui l'écueil.
Je ne suis qu'un pécheur, cependant j'ose croire
> Que sous mes pieds j'ai mis la gloire,
> Affranchi mon cœur de l'orgueil.

Je travaille pourtant. Mon effort rend hommage
> A l'idéal par mon œil aperçu.
Je tâche à reproduire en une vive image
Le modèle inspiré que d'en haut j'ai reçu.

Et dût le Seigneur seul connaître mon ouvrage,

Oui, dût le monde ingrat l'envelopper d'oubli,
Je voudrais l'achever avec plus de courage,
Et ne l'abandonner que parfait, accompli.
Qu'importe si mes chants sont perdus pour la terre?
Le Seigneur en aura l'offrande solitaire.
Pars, vole, ô poésie. A quoi bon t'arrêter?
Ne porte pas envie à ces molles haleines
Que l'on voit lourdement se traîner dans les plaines.
Dieu, qui te fit pour lui, te créa pour monter...

Heureux pourtant, s'il daigne à mon œuvre bénie
Accorder ce bonheur, cette gloire infinie
D'aviver, d'enflammer le virginal amour.
Tout m'est payé : travail ingrat, heures cruelles,
Si ma pure harmonie a porté sur ses ailes
Le soupir d'un seul cœur jusqu'au divin séjour.
Ce triomphe suffit et comble mon envie.
Un cri du cœur à Dieu, cela vaut une vie,
Et pour tous mes labeurs, c'est assez en retour... (12)

Une pause.

Tendresse ardente et chasteté sévère,
Oubli de soi ;
Courage fort, qui lutte et persévère,
Puissante foi ;
Voilà bien le grand art et sa fière devise...

LE PAPE, interrompant.

Il est de nos efforts le précieux soutien,
Et la tendresse de l'Église
Est acquise à jamais à l'artiste chrétien.

LE CARDINAL, bas à quelqu'un du cortège.

Le Saint-Père est gagné.

LE PAPE

Mon fils, sans plus attendre
Exécutez le chant que nous devons entendre.

Luigi sort. Pendant cette scène il s'est effacé et a roulé son chapelet
entre ses doigts tout en suivant l'entretien.

SCÈNE VI

LES PRÉCÉDENTS, moins LUIGI.

On ouvre les portes à droite. Le chœur chante (13). Les vers qui
suivent sont coupés par de longs silences pendant lesquels on écoute
le morceau.

UNE VOIX

On commence.

UNE AUTRE

Écoutez.

LE CARDINAL, bas.

Accords doux et puissants !

LE CHEVALIER, avec un enthousiasme contenu.

Qui donc résisterait à de pareils accents ?

Palestrina, silencieux, observe le visage du Pape.

LE PAPE, se parlant à lui-même.

On dirait dès l'exil un chant de la Patrie... (14)

Une pause. A Palestrina.

Oui, vraiment, maëstro, votre musique prie.

PALESTRINA, ému, à mi-voix.

Pour l'écrire, saint Père, à genoux j'ai prié.

Long silence. Le morceau s'achève. Tout à coup le Pape se lève et déchire la bulle qu'il avait sur ses genoux.

LE CARDINAL et plusieurs voix.

Ah !

LE CHEVALIER, à part.

Bravo !

LE PAPE

La lumière à mes yeux a brillé.

PALESTRINA, à part.

Seigneur !

LE PAPE

Oui, gardons-les aux temples catholiques,
Ces beaux chants dérobés aux lèvres angéliques.
Je songeais à détruire : il vaut mieux réformer,

Pendant ce temps Luigi revient. Il parle bas à son oncle.

SCÈNE VII

LES PRÉCÉDENTS, LUIGI

LE PAPE, poursuivant.

Nous fondons une école et voulons vous nommer
Prince du chant, grand-maître en musique sacrée.

Se retournant vers Vitelozzi.

La bulle, dès ce jour, en sera préparée.

LUIGI, qui a appris le succès de son oncle, s'écrie :

O bonheur !

PALESTRINA au Pape.

Que Dieu m'aide et le divin Sauveur :
J'obéirai.

LE PAPE

Mon fils, choisissez la faveur
Que vous veut octroyer notre munificence.
De l'or ? Un titre ? Osez.

PALESTRINA

Puisque j'en ai licence,
Père, je répondrai.

Simple, mais ferme.

                    Point de titres, point d'or.
De l'artiste anobli l'ardeur se paralyse ;
Le poids de la richesse alourdit son essor.
Travailler, servir Dieu, les âmes et l'Église,
Voilà mon plus beau titre et mon plus cher trésor.

            Oui, la moitié de mon génie
            Est dans mon humble pauvreté.
            Pauvreté féconde et bénie,
            Gardons-nous bien fidélité...

        Attirant Luigi.

            Mais si Dieu m'enlève à la terre,
            Si la mort me couche au linceul,
            Pleurant sous mon toit solitaire,
            Cet orphelin restera seul.
Alors, — cette faveur, je l'implore et l'espère, —
O Père des chrétiens, daignez être son père...

LE PAPE

Je le promets, mon fils. Mais vivez de longs jours.

PALESTRINA

Une prière encor, de grâce...

LE PAPE, souriant.

                    Osez toujours.

PALESTRINA

Je voudrais voir Luigi, pour la gloire divine,

Donner à l'art son avenir :
Pour que la flamme sainte embrase sa poitrine,
De vos augustes mains voulez-vous le bénir ?

LE PAPE, les deux mains sur la tête de Luigi, agenouillé au milieu
de la scène.

Dans cette âme d'enfant, de la source infinie
Daigne descendre, ô divin feu ;
Passe par un cœur pur, par un noble génie,
Et puis remonte au ciel, emportant l'homme à Dieu.

Le Pape s'éloigne avec son cortège. Le Chevalier et quelques autres
entourent Palestrina et le félicitent.

RIDEAU.

Jersey, Juillet 1885.

NOTE 1

SCÈNE I.

On entend le chœur répétant des fragments..., etc.

On peut se procurer la « Messe du Pape Marcel, » à Paris, Durdilly et Cⁱᵉ, 11 bis, boulevard Haussmann. (Edizioni Ricordi, Biblioteca musicale sacra, fascicolo VII. Pr. 2 fr.)

NOTE 2

SCÈNE III

Guidetti conduira.

Giovanni Guidetti, célèbre disciple de Palestrina.

NOTE 3

Le cardinal-neveu...

Saint Charles Borromée.

NOTE 4

SCÈNE IV

Il faut, pour refléter la beauté souveraine,
Un cœur calme et profond..., etc.

« Celui qui veut peindre a besoin de vivre en paix et sans inquiétude ; celui qui s'occupe des choses du Christ doit toujours être avec le Christ. » (Fra Angelico.) — On reprochait à Michel-Ange de fuir le monde : « L'art est jaloux, répondait-il ; il réclame l'homme tout entier. »

NOTE 5.

L'âme bondit, retombe, et ne peut le saisir.

Michel-Ange dit dans un de ses plus beaux sonnets : « Déployant ses ailes pour s'élever vers les cieux d'où elle est descendue, l'âme ne s'arrête pas à la beauté qui séduit les yeux, beauté fragile et trompeuse ; elle cherche dans son vol sublime à atteindre le Principe même du beau. » (Voir aussi le Madrigal VII, Rime di Michelagnolo Buonarotti.) C'est la célèbre théorie de Platon.

Un esprit élevé, Alfred Tonnellé, a écrit sur ce sujet trois ou quatre pages d'une éloquence supérieure. Citons en abrégeant. « L'art, dit-il, ne donne pas la possession pleine et la jouissance bienheureuse de la beauté. C'est comme un éclair qui traverse la nuit sombre, comme une goutte d'eau qui laisse la soif plus ardente. » Le beau ici-bas n'est un bien « que parce qu'il excite et avive nos désirs, non parce qu'il les comble et les satisfait... Je sens que l'amour que j'ai pour le beau est un amour sérieux, car c'est un amour qui fait souffrir. Où chacun trouve des jouissances... je sens comme une nouvelle et délicieuse source de tourments. La splendeur d'une soirée, le calme d'un paysage... la divine pureté d'un front de madone, une tête grecque, un vers, un chant, que tout cela m'emplit de souffrance ! Plus la beauté entrevue est grande, plus elle laisse l'âme inassouvie, et pleine d'une image insaisissable. » — Au même endroit, A. Tonnellé montre l'influence morale du beau quand on n'en sépare pas l'idée de celle de Dieu. « On éprouve le besoin d'avoir la conscience pure pour s'approcher du beau ;... autrement la jouissance en est altérée... Qui n'a pas senti, au sortir d'une grande et vive admiration, son être ennobli ; l'image resplendissante... le fortifier contre une pensée basse ou honteuse ?... L'âme rendue délicate est plus craintive des souillures. Et si la tentation venait à surprendre sa faiblesse et à triompher, qui n'a senti ce souvenir divin augmenter en lui le remords cuisant ?... C'est une sorte de condamnation par la beauté présente encore, une réaction douloureuse par laquelle le *divin* outragé se venge. En ces moments on rapproche involontairement sa vie du type de beauté éternelle, et les laideurs en ressortent par contraste. Mais pour cela, il faut aimer le beau sérieusement, et le concevoir comme quelque chose de sacré. (Alfred Tonnellé, *Fragments sur l'Art et la Philosophie ; Du sentiment du Beau considéré au point de vue religieux.*)

Le plus profond de nos poètes actuels, M. Sully-Prudhomme, sent, lui aussi, que l'âme humaine ne peut s'arrêter aux beautés terrestres. Il leur dit par exemple :

> N'ayez jamais d'orgueil de la douleur des hommes
> Quand vous les avez vus pleurer à vos genoux ;

Dieu, l'idéal rêvé, voit la peine où nous sommes,
Il sait bien que c'est lui que nous cherchons en vous.

NOTE 6

Je tente d'égaler en douceur infinie
Le cantique nouveau qu'il dit à l'Éternel.

Pie IV compara lui-même la Messe du Pape Marcel au cantique nouveau dont parle saint Jean.

NOTE 7

L'art que l'amour anime est un culte fervent.

On peut lire dans le P. Faber (*Béthléem*, t. I, chap. IV) une page remarquable, où il formule avec précision et puissance les idées que nous avons tenté de traduire lyriquement dans cette scène.—«La peinture, dit Montalembert de Fra Angelico, n'a été évidemment pour lui qu'un moyen d'union avec Dieu... c'était sa manière de gagner le ciel... c'était la forme du culte spécial et intime qu'il rendait à son Rédempteur. » Et M. Rio, parlant des peintres de l'École mystique : L'œuvre d'art était pour eux « un exercice ascétique dans l'ombre de la cellule... un acte de foi... une prière fervente. L'atelier était un oratoire. » — Il faut en dire autant des poëtes religieux. Cf. Ozanam, *Les Poëtes franciscains,* passim.

NOTE 8

SCÈNE V

Seigneur, aidez-moi !

C'est le cri touchant que l'on a trouvé sur le manuscrit de Palestrina.

NOTE 9

Et qui protège l'art contre la décadence ?
C'est l'Église..., etc.

« L'Église s'est toujours montrée la protectrice et la vraie nourricière des arts. Elle les appelle tous à elle et leur donne un rendez vous commun dans sa Liturgie. Là, elle... les élève à des hauteurs qu'ailleurs ils ne sauraient atteindre. Grâce à la glorieuse mission qui leur est dévolue de venir rehausser, chacun dans la sphère qui lui est propre, la splendeur du culte divin, ils se trouvent directement placés sous le souffle de l'esprit religieux, et peuvent ainsi s'élever à l'idéal véritable, qui, pour tout art, doit consister à refléter, sous une forme sensible et créée, la beauté invisible et incréée. Plus l'art, en effet, se rapporte à l'objet divin, plus, par là même, il s'ennoblit, et devient véritablement art, la véritable expression du beau. » (Dom Pothier, *Les Mélodies grégoriennes*).

NOTE 10

L'Église vous rejette et s'enchaîne au passé.

« Nous ne croyons pas qu'en continuant de préconiser le chant grégorien l'Église veuille arrêter l'essor du génie musical... Dans les circonstances plus solennelles... il peut... être permis de faire entendre par exemple cette musique large et puissante de l'école de Palestrina, ou quelque autre à son défaut, pourvu qu'elle soit religieuse. » (*Idem, ibid.*)

NOTE 11

Très saint Père, mes chants sortent de la prière..., etc.

Ainsi faisait Fra Angelico. Jamais il ne prenait les pinceaux sans s'être livré à l'oraison. Ainsi faisait ce Lippi Dalmasio, qui ne peignait que des Vierges, et seulement après avoir jeûné et communié. L'influence de ces préparations n'était point chimérique. Le Guide, dit M. Rio, « trouvant dans les Vierges de Lippi Dalmasio je ne sais quoi de surhumain dont l'infusion ne pouvait être attribuée qu'à une sorte de grâce occulte,.. n'hésitait pas à déclarer que nul artiste moderne, dût-il s'aider de toutes les ressources du talent et de l'étude, ne parviendrait jamais à réunir dans une figure autant de sainteté, de modestie et de pureté. » Haydn et Mozart, quand l'inspiration tombait, se mettaient à dire le chapelet. Haydn nous assure que ce moyen lui a toujours réussi. Toutes ses partitions portent en tête : *In nomine Domini*, ou bien encore : *Soli Deo gloria* ; et à la fin : *Laus Deo*.

Albert Durer se demande comment on peut élever son idéal, et « s'y prendre pour faire une belle figure ? Quelques-uns nous diront que nous parvenons à faire une belle figure d'après notre sens humain. Mais je n'accorderai pas facilement qu'ils aient raison. La perfection ne saurait appartenir à l'esprit humain; Dieu seul sait ce secret, et celui à qui il le révèle. »

NOTE 12

Et pour tous mes labeurs, c'est assez en retour.

« Nous autres peintres, disait Buffalmacco, élève de Giotto, nous ne nous occupons que de faire des saints et des saintes, afin que par ce moyen les hommes soient plus portés à la vertu et à la piété. »

À vrai dire, Buffalmacco appliquait assez mal sa théorie. — La corporation des peintres de Sienne déclare, elle aussi, dans ses statuts que « sa mission, par la grâce de Dieu, est de manifester aux gens illettrés les merveilles opérées par la vertu de la sainte foi. » — C'est dans le même esprit que travaillait Ansano di Pietro, appelé par le nécrologe de sa paroisse « pictor famosus et homo totus deditus Deo. » Magnifique éloge que méritait également ce sculpteur de Cologne, dont parle Laurent Ghiberti. Il avait exécuté pour le duc d'Anjou un admirable rétable en or massif. Le trésor du duc étant épuisé, il fallut battre monnaie avec l'or du rétable. L'artiste vit briser son chef-d'œuvre, et tombant à genoux, il s'écria dans son angoisse : « Seigneur du ciel et de la terre, toi qui as ordonné souverainement toutes choses, ne permets pas que mon ignorance aille jusqu'à chercher autre chose que toi, et regarde-moi dans ta miséricorde. » Puis il alla sur-le-champ distribuer ses biens aux pauvres, et se fit ermite.

NOTE 13

SCÈNE VI

« Cette musique doit être chantée en sons filés et soutenus, à quart de voix, avec beaucoup de justesse, d'un mouvement égal et modéré, avec la plus grande simplicité, mais avec beaucoup d'onction et de douceur.

« Exécutée de cette manière, elle produit un effet extraordinaire qui a réellement quelque chose de surnaturel. » (Alex. Choron.)

NOTE 14

On dirait dès l'exil un chant de la patrie.

Voici les paroles mêmes de Pie IV : « Ce sont là les harmonies du cantique nouveau que l'apôtre saint Jean entendit chanter dans la Jérusalem céleste, et dont un autre Jean (Palestrina) nous donne une idée dans la Jérusalem terrestre. » — Un cardinal, pour exprimer son enthousiaste admiration, emprunta ces vers pittoresques de Dante :

Qualunque melodia più dolce suona
Quaggiù e più a se l'anima tira
Parrebbe nube che squarciata tuona
Comparata al sonar di quella lira.

(*Paradis*, ch. xxii.)

L'HÉRITAGE

On lit dans les *Portraits contemporains*, de Sainte-Beuve :

«... Voici une étrange et pourtant véridique histoire. Lors de la révocation de l'Édit de Nantes, une partie de la famille Desbordes, qui tenait à la religion réformée, avait quitté la France pour la Hollande. Antoine et Jacques Desbordes devinrent libraires à Amsterdam, libraires très riches, très considérés... Ces deux mêmes Desbordes... vivaient encore... Se sentant pourtant près de mourir... millionnaires et célibataires, voilà qu'un vif regret de la patrie les prend tout d'un coup... et ils ont l'idée de rappeler quelque arrière-petit-neveu ou arrière-petite-nièce pour rentrer dans la religion réformée et dans l'héritage.

« Ils écrivent à Douai. La grande lettre, en gros caractères à la Louis XIV, et signée du grand-oncle Antoine, est déployée : il y est mis pour condition expresse que les enfants seront rendus à la religion des aïeux, pour reprendre droit dans la succession immense (*sic*). Ceci se passait vers 1791. L'humble famille de Douai avait vu tarir depuis deux ou trois ans déjà ses modiques ressources, et l'avenir se présentait de plus en plus sombre. Une assemblée solennelle de tous les membres eut lieu dans la petite maison, sous la madone (1).

«On lit tout haut la lettre; la mère s'évanouit, le père regarde ses enfants et sort dans une terrible anxiété. Il rentre après quelques pas dans le cimetière (2) et l'on décide que l'on répondra : non. » (*Portraits contemp.*, tome II, p. 127-128, Calmann Lévy, 1882.)

A la page 99, en note, Sainte-Beuve cite une lettre de Mme Desbordes-Valmore, où se trouvent ces lignes :

«... On fit une assemblée dans la maison. Ma mère pleura beaucoup. Mon père était indécis et nous embrassait. Enfin on refusa la succession dans la peur de vendre notre âme... »

L'acte qu'on va lire n'est point la reproduction de ce fait, mais une fiction qui s'en est librement inspirée.

(1) « ... Au-dessus de la porte étroite de la chère maison... se voyait une petite madone dans une niche. » (SAINTE-BEUVE, *ouv. cit.*, p. 125).

(2) « ... La maison touchait au cimetière... et prenait de ce voisinage un caractère religieux, austère; un grand calvaire à côté dominait les humbles croix et les gazons. L'enfant (Mme Desbordes-Valmore) passa ses jeunes années à jouer sous le calvaire et sur les tombes. » (*Idem, ibid.*)

PERSONNAGES

Le MARQUIS.

Le COMTE, fils du Marquis.

ALBÉRIC, fils du Comte (15 ans).

La scène se passe en 1792.

L'HÉRITAGE

UN ACTE EN VERS

UNE PETITE SALLE, PAUVRE ET NUE, DANS UNE MAISON D'OUVRIER. —
PORTES A DROITE ET A GAUCHE SECOND PLAN. — AU FOND, A DROITE,
FENÊTRE, LAISSANT VOIR UN GRAND CALVAIRE ET LES ARBRES D'UN
CIMETIÈRE. — UNE TABLE DE BOIS GROSSIER; SUR CETTE TABLE UNE
BIBLE.

SCÈNE I

LE MARQUIS, ALBÉRIC

Le vieillard est assis près de la table. Il contemple un médaillon.
Albéric est debout près de lui

LE MARQUIS

Oui, j'ai du médaillon vendu le cercle d'or.
Mais qu'importe, Albéric ? Le portrait reste encor.

ALBÉRIC

Que vous semblez l'aimer, ce portrait, mon grand-père !

LE MARQUIS

Il m'a suîvi partout. Il me suivra, j'espère,
Jusque dans le trépas, jusque dans mon linceul.
C'est mon vieux père à moi ; c'est votre bisaïeul.

ALBÉRIC, se penchant et regardant.

Une grave tristesse assombrit son visage.
A-t-il donc entrevu dans un lointain présage
Que ses fils connaîtraient un jour la pauvreté ?...

LE MARQUIS, poursuivant, comme se parlant à lui-même.

Et cacheraient son nom, son beau nom... par fierté,
Pour ne voir pas tomber l'acerbe raillerie
Sur le blason pâli de sa race appauvrie !

Se redressant. Au jeune homme :

Mais ce blason qu'on voile, il ne doit pas périr ;
Pauvreté n'est pas vice et n'a pu le flétrir.
Nous avons su garder dans l'indigence austère
Avec la vieille foi l'honneur héréditaire.
Ces deux trésors, mon fils, formeront votre bien.
Qui les possède est riche, et sans eux tout n'est rien.

ALBÉRIC

Aux justes cependant on dit que tout prospère ;
Et je vous vois souffrir ; je vois pleurer mon père.
Vous l'avez dit : nos cœurs gardent la pure foi ;
Et nous avons souvent manqué de pain ! — Pourquoi ?
Plusieurs, de notre nom, mais d'humeur inconstante,

Se sont donnés jadis à l'erreur protestante ;
Ils nous ont reniés en acceptant sa loi ;
Et leurs fils sont heureux ; ils sont riches ! — Pourquoi ?

LE MARQUIS

Enfant, déjà vos yeux s'ouvrent donc sur la vie,
Et leur premier regard est un regard d'envie ?

ALBÉRIC

Eh bien, oui ! Ce partage est trop injuste enfin !
Nous ici, malheureux, exposés à la faim,
Habitant près des morts cette masure sombre
Que le cyprès lugubre attriste de son ombre ;
Nous ici, sous un toit des vivants redouté,
Mais qui coûte moins cher à notre pauvreté ; —
En Hollande, là-bas, ces deux vieillards bizarres,
Sectaires obstinés, cœurs glacés, mains avares !
Leurs mains ! Pour nous sauver, elles n'ont qu'à s'ouvrir :
L'égoïsme les ferme ; on nous laisse mourir !

LE MARQUIS

Mais dans la vérité mourir fier et fidèle,
Ou, maître d'un peu d'or, vivre à jamais loin d'elle...
— Si les arrêts du ciel suivaient notre désir,
Quel parti, dites-moi, devrions-nous choisir ?

Regardant le portrait :

Ah ! s'il pouvait parler ! si vous pouviez l'entendre,
De quel viril accent il saurait vous l'apprendre
Ce chrétien généreux devant qui, moi vieillard,

Je sens que le respect fait baisser mon regard,
A qui je rends encor dans sa muette image
De mon amour d'enfant l'humble et timide hommage !

ALBÉRIC, vivement.

Quoi ! votre amour aussi, devant son grand aspect
Contenait ses élans qu'arrêtait le respect ?

LE MARQUIS, souriant.

Pourquoi me dire *aussi* ?

ALBÉRIC, embarrassé.

Non... je crains...

LE MARQUIS

Je l'ordonne,

Parlez.

ALBÉRIC

Que votre cœur alors me le pardonne.
Mais en votre présence... oui... j'éprouve aussi, moi,
Avec même tendresse...

LE MARQUIS

Eh bien ?

ALBÉRIC

Un peu d'effroi.

LE MARQUIS

C'est bien. L'on doit aimer ; mais il faut que l'on craigne.
Je suis né, que c'est loin ! — à la fin du grand règne.
On se targuait alors fort peu de sentiment.
Mon père, il m'en souvient, nous formait rudement.
Voir sa figure austère un moment souriante,
Être admis à baiser parfois sa main vaillante,
D'une telle faveur nous étions triomphants.
Si le trépas frappait quelqu'un de ses enfants,
Il s'enfermait, restait tout un jour invisible,
Et, le jour écoulé, reparaissait paisible.
La prière avait mis sur son grand front serein
L'auguste majesté d'un calme souverain...
Vieux et chers souvenirs qui bercent ma pensée !

ALBÉRIC

et me font oublier la tâche commencée.

Il va pour sortir.

LE MARQUIS

Si jeune, hélas !

ALBÉRIC, avec entrain.

Si jeune, et l'aîné cependant !
.l faut bien travailler !

LE MARQUIS, hochant la tête.

Oui, le cœur est ardent !

4

ALBÉRIC

Allons! une heure encore!

LE MARQUIS

Il est déjà nuit close.

ALBÉRIC

Le sommeil bien gagné plus doucement repose.

LE MARQUIS

Vos frères sont couchés ?

ALBÉRIC, entr'ouvrant la porte à gauche et jetant un coup d'œil.

Les chérubins dormeurs !
Qu'ils sont heureux tous trois !
Quel bruit, quelles clameurs
Pourraient bien soulever leur paupière affaissée,
De leur souffle arrêter la marche cadencée ?
— Je m'enfuis. — Votre main ? J'en travaillerai mieux.

Il baise la main du marquis.

LE MARQUIS

Courage, enfant.

Albéric sort.

SCÈNE II

LE MARQUIS

Des pleurs ont effleuré mes yeux.
Je l'aurais de bon cœur serré sur ma poitrine.
Non. Gardons du passé l'austère discipline.
Une âme s'amollit qui sait trop s'émouvoir.
Que les miens soient plus forts et qu'ils sachent vouloir.

SCÈNE III

LE MARQUIS, LE COMTE

*Celui-ci arrive sombre, agité. Il vient s'asseoir sans mot dire
et se met la tête dans ses mains.*

LE MARQUIS

C'est vous ! A l'atelier la tâche est terminée?
— Vous semblez épuisé... Cette longue journée...

LE COMTE, *à demi égaré, d'une voix sourde.*

Mon père !...

Nos voisins... qui sont-ils, dites-moi ?

LE MARQUIS, à part.

Quel accent ! quel regard !

Haut.

Expliquez-vous ! Pourquoi... ?

LE COMTE, interrompant ; d'un ton dur et saccadé.

Nos voisins sont les morts, et leur froid cimetière
Dresse à deux pas de nous sa grande croix de pierre.
Tant mieux ! Ce voisinage abrège le chemin.
— Vivre est dur ; j'en suis las. Le sort est inhumain,
Au lit profond des morts nous n'avons qu'à descendre,
Et là, les bras croisés, il suffira d'attendre.

LE MARQUIS

Malheureux ! Secouez ce sombre désespoir.

LE COMTE

Mon père ! Il vous restait un peu de pain ce soir ?

LE MARQUIS

Oui.

LE COMTE

Mais demain ?

Le Marquis baisse la tête.

Plus rien ! Alors ?...

L MARQUIS

                                        Prenez courage.
Votre salaire...

LE COMTE

Non ! non. Je n'ai plus d'ouvrage.
Depuis que Louis seize au Temple est prisonnier,
Le commerce, en chômant, fait chômer l'atelier.
Parmi les travailleurs...

LE MARQUIS

Le maître vous renvoie ?

LE COMTE

Oui. Le premier de tous ! J'ouvre la sombre voie.

LE MARQUIS

Quel affront !

LE COMTE, amèrement railleur.

Mais de moi pourrait-il faire cas ?
Un ouvrier débile, aux membres délicats,
Dont l'épaule fléchit à porter une planche,
Qui trouve un marteau lourd à sa main fine et blanche !
— Eh bien, j'ai quatre fils ; j'irai de seuil en seuil,
Je tendrai cette main, je vaincrai son orgueil.

LE MARQUIS

Mendier ! mendier ! honte qui désespère !

LE COMTE

Laisserai-je mourir mes enfants et mon père ?

LE MARQUIS

Mourir est-il plus dur ?

LE COMTE

Pauvres cœurs agités,
Par quels souffles changeants sommes-nous ballottés !
Je parlais de mourir ; vous me disiez de vivre.
Maintenant, cette mort qui repose et délivre,
C'est vous qui l'invoquez. Mais, mon père, est-ce à moi
De vous faire songer que vous avez la foi ?

LE MARQUIS, avec énergie.

C'est vrai ! Que jusqu'au bout l'épreuve se consomme.
Le chrétien doit dompter le hautain gentilhomme.

Un temps. Le Comte s'assied et regarde la chambre où dorment
ses enfants.

LE COMTE, abattu et rêveur.

Ainsi, nous entrerons dans le rude chemin...
Dormez, pauvres enfants, dormez jusqu'à demain.
Bientôt il vous faudra commencer par le monde
Des proscrits sans foyer la course vagabonde,
Subir les froids cruels, les soleils étouffants :
Dormez jusqu'à demain, dormez, pauvres enfants !
Que des rêves dorés vous charment, doux mensonges.
Où seriez-vous heureux, si ce n'est dans vos songes ?

Mais, jusqu'en vos sommeils et jusque dans la nuit,
L'implacable malheur peut-être vous poursuit.
Pauvre nid d'orphelins, jeune et tendre couvée,
Tu dois rêver sans doute à ta mère enlevée...

Un temps.

Hélas ! au champ des morts vous prenez vos ébats,
Et de sombres tableaux ne vous hanteraient pas !
Vous, rêver d'agneaux blancs et de blanches colombes !
Vous quittez vos berceaux pour jouer sur des tombes,
Et peut-être parfois, dans vos amusements,
Vos lugubres jouets furent des ossements.
Horreur !

Debout, avec colère.

Et c'est ainsi qu'ils entrent dans la vie !
A leurs bonheurs d'enfants Dieu portait donc envie ?
Ou plutôt du hasard tout n'est-il pas un jeu ?
Aurions-nous tant souffert s'il existait un Dieu ?

LE MARQUIS

Arrêtez !... Jusque-là votre angoisse s'oublie !
Arrêtez ! — J'ai laissé votre mélancolie
De votre sein gonflé s'épancher à longs flots ;
Mais respectez le ciel, même dans vos sanglots.

LE COMTE

Mon père, laissez-moi. Je ne puis me contraindre.

LE MARQUIS

Vous souffrez. Avec vous je souffre, et sais vous plaindre.
J'entre dans vos douleurs ; — et cependant je dois
Vous blâmer, mon cher fils, et vous blâmer deux fois.
— Non certes, vos chagrins ne sont pas des chimères ;
Mais vous y recherchez des voluptés amères.
Vous vous abandonnez à ces molles douleurs ;
Au lieu de les tarir, vous savourez vos pleurs.

      Le vieillard remarque un geste d'impatience. Il poursuit.

Jusqu'à la cruauté je vous semble impassible ;
Vous vous applaudissez d'avoir un cœur *sensible*... ;
J'aimerais mieux pour vous un cœur fort et viril.
·— Pour subir l'infortune et braver le péril,
Il faudrait une foi mâle, ferme, aguerrie.
La foi, vous la gardez ; mais débile, amoindrie.
Ranimez-la ! Du sort portez mieux la rigueur.
Sachez croire et vouloir. Plus de lâche langueur !
Vous avez lu Rousseau, vous avez lu Voltaire...
Raffermissez en vous esprit et caractère.

LE COMTE, abattu ; sans amertume.

Beaux conseils ; — vainement j'en voudrais profiter.
Mon courage est à bout. Je ne puis plus lutter.
Je m'abandonne au sort avec indifférence.

LE MARQUIS

Comment !

LE COMTE

J'ai tout perdu, tout, jusqu'à l'espérance.

Tirant une lettre de son sein.

Tenez : on m'a remis cette lettre à mon nom.
Sans retard, pensez-vous, je l'ai lue ?
                              Eh bien, non.
J'ai dit : « C'est un chagrin de plus qu'on me révèle.
Puis-je bien recevoir jamais d'autre nouvelle ?
Assez et trop de maux déjà m'ont assailli.
J'étais près de l'ouvrir, et le cœur m'a failli. »

LE MARQUIS

Pourquoi désespérer ! Ce message peut-être...

LE COMTE, *avec un doute amer.*

Est un message heureux ?

LE MARQUIS

Mais il faut le connaître.

LE COMTE, *lui tendant la lettre.*

Ouvrez donc et voyez. — Moi, je crois au malheur.

Le Marquis ouvre et lit. Le Comte l'observe.

Mon père !... Vous tremblez ? D'où vient cette pâleur ?

Amèrement.

Qu'avais-je dit ?

LE MARQUIS

Non. Non. Vous vous trompiez.

LE COMTE

Quel rêve!

LE MARQUIS, lisant.

« Monsieur le Comte... »

LE COMTE, en regardant son habit d'ouvrier.

Ah ! le comte ! Ce mot me frappe comme un glaive.

LE MARQUIS, lisant.

« Vous avez peut-être oublié cette branche de votre famille qui, ayant embrassé la Réforme, dut s'exiler en Hollande après la révocation de l'Édit. Il n'en reste aujourd'hui que deux frères âgés, sans enfants : ce sont eux qui vous écrivent. Dieu, pour qui notre père et nous-mêmes avons souffeit l'exil, nous a bénis des dons de la fortune. Bien que nous plaignions l'aveuglement qui vous retient dans l'idolâtrie romaine, nous nous rappelons que vous nous êtes unis par les liens du sang. Nous avons appris quel état indigne de notre nom l'indigence vous a contraint d'embrasser. »

LE COMTE

Que leur importe !

LE MARQUIS

« Nous avons donc résolu de léguer nos biens à vos enfants. »

LE COMTE, *se levant tout à coup.*

Dieu !

Il va, saisit la lettre et, tournant la page, il poursuit la lecture.

« Cependant, nous ne pouvons en conscience transmettre ces biens à des héritiers qui vivraient en dehors de la vraie foi.

LE MARQUIS, *qui écoute :*

Comment !

LE COMTE

« Nous choisirons donc vos fils à la condition expresse qu'ils seront élevés dans la foi réformée. » *(Il relit deux fois cette phrase d'une voix tremblante, puis froisse la lettre, la jette sur la table et va se rasseoir sans mot dire.)*

LE MARQUIS

O trahison !
Quelle lenteur savante à verser le poison !

Il saisit la lettre et lit. (Le Comte se reprend peu à peu à écouter.)

« Nous ne saurions douter un moment de votre honneur de gentilhomme. Il suffira que, dans votre réponse, vous déclariez accepter cette condition, et promettiez d'en procurer l'accomplissement. Le testament sera aussitôt

dressé. — Vous nous permettrez même d'offrir d'avance
et sans retard à nos jeunes héritiers un présent de cinq
mille livres. »

LE COMTE

Cet or, c'est le salut que leur main nous présente.

LE MARQUIS

Mais la loi qu'on vous fait ?

LE COMTE

Il faut qu'on m'en exempte.
J'irai, j'obtiendrai d'eux...

LE MARQUIS

Ils vous ont répondu.

LE COMTE

Voyons.

LE MARQUIS

« Toute tentative serait d'ailleurs inutile pour les faire
dispenser de la condition posée. Sur ce point, nul accom-
modement n'est possible entre nous. »

LE COMTE

Rien à tenter ! Tout espoir est perdu.

LE MARQUIS

« Que Dieu vous éclaire, Monsieur, nous l'en prions.
Comparez l'état précaire où sa main vous réduit et les
bienfaits dont il nous a comblés. Cette comparaison vous
apprendra peut-être qui de nous vit dans la vérité. »

LE COMTE

Froide pitié, hauteur, dureté de sectaire !

LE MARQUIS

Notre espoir s'élançait !... Comme il retombe à terre !
Lourde chute !

LE COMTE

Ce coup, je vous l'avais prédit.

Un silence.

Voilà bien ces vieillards ! Fanatisme maudit !

LE MARQUIS

Ils nous offrent du pain pour une apostasie !
Sous le perfide appât ils cachent l'hérésie,
Jusque dans leurs bienfaits ils savent calculer,
Et sur notre misère osent bien spéculer !

Indigné.

C'est à nous qu'un trafic si honteux se propose !

LE COMTE, pensif.

Les fléchir ! obtenir qu'ils lèvent cette clause...
Impossible !

LE MARQUIS, convaincu et triste.

Impossible.

LE COMTE

Alors ?

LE MARQUIS

Nous refusons.

LE COMTE

Et c'est tout l'avenir que d'un coup nous brisons !
C'est la faim ; c'est la mort.

LE MARQUIS

Donc votre âme balance ?

LE COMTE

Je doute, je combats, je souffre violence.

LE MARQUIS

Souffrir, soit ; mais douter !

LE COMTE

Et mes pauvres enfants,
Mon père ! Songez-y.

LE MARQUIS

J'y songe et les défends.

Un temps.

LE COMTE, assis, la lettre à la main.

Ne pouvoir l'effacer, cette clause implacable !
Elle est là, toujours là, qui s'impose... et m'accable !
— Mais cet or qu'on promet, mon œil le voit aussi.
Il brille, il me fascine. — Oh ! nous tenter ainsi !

Un silence.

A ma foi cependant l'on veut bien s'en remettre.
Promettez, disent-ils !... Eh bien !... je puis promettre.

LE MARQUIS, indigné.

Sans tenir ?

Le Comte baisse la tête.

Vive Dieu ! Salir notre blason !
— Comte, êtes-vous mon fils, et de noble maison ?
C'est d'un moyen si bas que votre esprit s'avise ?

LE COMTE

Mon père !

LE MARQUIS

Que devient notre fière devise ?
Pourriez-vous bien m'offrir ce moyen de sang-froid
En y lisant ces mots : « *Parle franc, marche droit?* »

LE COMTE

Entendez-moi pourtant. Ces vieillards, ces sectaires,
Que veulent-ils ? Léguer leurs biens héréditaires

A des enfants nourris dans la plus pure foi,
Qui du vrai sans mélange aient accepté la loi.
Mais cette vérité, qu'ils placent à Genève,
Elle est à Rome.

LE MARQUIS

Où donc en viendrez-vous?

LE COMTE

                         J'achève.
Catholiques, mes fils sont dans la vérité,
Et des vieillards, au fond, suivent la volonté.

LE MARQUIS

Ainsi vous promettrez?

LE COMTE

Pourquoi non?

LE MARQUIS

                       Subterfuge,
Qu'en vous-même tout bas votre loyauté juge.
« Nous sommes protestants, vous dit-on; jurez-vous
Que vos fils désormais le seront comme nous? »

LE COMTE

Eh bien, soyons loyal ! Sans ruse ni finesse
Je promettrai, mon père, et tiendrai ma promesse.
Ainsi j'aurai du pain ; je pourrai les nourrir.

LE MARQUIS

Pain funeste et maudit qui les fera mourir !

SCÈNE IV

LES PRÉCÉDENTS, ALBÉRIC

ALBÉRIC, entrant.

Mon père... votre voix inquiète, animée...

LE COMTE

A troublé, cher enfant, ta tendresse alarmée ?

ALBÉRIC

Mais oui.

LE COMTE, au marquis.

Sur le débat je veux l'interroger.
— Approche, viens.

LE MARQUIS, au comte, bas.

Comment ! Pouvez-vous y songer ?

LE COMTE, de même.

Mais que décidons-nous enfin ? Sa destinée !

LE MARQUIS

Scandaliser, grand Dieu ! sa jeune âme étonnée ?
Non, certes !

        — Albéric, éloignez-vous d'ici.

Le comte fait un geste pour retenir Albéric. Le Marquis alors,
impérieusement.

Sortez !

ALBÉRIC, en sortant, à part.

De leurs chagrins quand serai-je éclairci ?

SCÈNE V

LE MARQUIS, LE COMTE

LE COMTE

A mes justes désirs pourquoi mettre un obstacle ?

LE MARQUIS

D'un chrétien chancelant lui donner le spectacle !
Ébranler sa croyance et votre autorité !
Balancer devant lui la sainte vérité,
La foi dont nous vivons, avec l'erreur qui tue !

LE COMTE, après un silence.

Où placez-vous l'erreur ? Question débattue !
Romains ou dissidents, qui se trompe en effet ?

LE MARQUIS

Répondre est superflu. Vous-même l'avez fait.

LE COMTE

Je doute cependant.

LE MARQUIS

Non, Roger. (Après un geste du comte).
                                        Non, vous dis-je.
La raison, malgré vous, rayonne et vous dirige.
Son éclat importun peut bien vous irriter ;
Mais vous ne doutez pas. — Vous voudriez douter.
... A l'instant, je suivais, je pesais vos paroles.
Je voyais s'effacer tous les dédains frivoles,
Et la foi, qui longtemps avait paru dormir,
Mais qui vivait, — la foi s'éveiller et frémir.
— On se croit *philosophe*, et c'est mode légère,
Scepticisme élégant, surface mensongère ;
Et l'on voit fondre un jour son incrédulité...
Quand on doit de ses fils jouer l'éternité !

LE COMTE

Mais refuser pour eux un avenir prospère,
C'est trop dur. Dieu ne peut tant exiger d'un père.
Quand, tués par la faim, mes enfants seront morts,
Quel remède aurez-vous pour guérir mes remords ?
— Oui, les infortunés, ils mourront ! Cette idée
Me hante ; elle s'attache à mon âme obsédée.

Oui, sous mon toit fatal, les deuils suivront les deuils ;
Nos bras se lasseront à clouer des cercueils !

LE MARQUIS, avec une exaltation croissante.

Eh bien ! nous les clouerons en les couvrant de larmes,
Et pour nos fils du moins nous serons sans alarmes.
Mais que menés par vous auprès d'un faux docteur
Pour apprendre un Credo dont un homme est l'auteur,
Ils aillent au mensonge ouvrir leurs âmes pures,
Leurs esprits innocents aux maîtres d'impostures,
Que pour aller mourir ils passent notre seuil...
— Ah ! qu'ils sortent plutôt morts au fond d'un cercueil !

LE COMTE

Barbarie !

LE MARQUIS

            Oh ! non, non ; je ne suis point barbare.
Chers petits, je les aime !
                        — Eh bien, je le déclare,
Aux temples de Calvin quand ils devront marcher,
Sur mon sein, dans mes bras vous viendrez les chercher ;
Il faudra les ravir à mon ardente étreinte.
Alors, si jusqu'à moi vous portez la contrainte,
Anathème sur vous, anathème et malheur !
Je devrai vous maudire, — et mourir de douleur.

LE COMTE

Vous menacez, Monsieur ! Suis-je un enfant encore ?
La nature a ses droits ; croit-on que je l'ignore ?

C'est le sort de mes fils qui se débat ici :
Prononcer m'appartient..

LE MARQUIS

J'en ai le droit aussi.
Ils sont mon sang peut-être, et mon nom et ma race !
Je puis examiner le chemin qu'on leur trace.
J'ajoute que sans crainte ils peuvent s'avancer
Par les chemins d'honneur où l'on m'a vu passer.

LE COMTE

Ils sont à moi, marquis.

LE MARQUIS

Eh bien, tu les réclames;
Sois-leur donc un vrai père, et ne vends pas leurs âmes.
Ne risque pas un coup dont leur ciel est l'enjeu.

LE COMTE

Ils sont à moi, vous dis-je.

LE MAROUIS

Ils sont d'abord à Dieu.

Un long silence.

A part, après avoir observé son fils.

Je l'irrite en suivant la route où je m'engage.
Mieux vaut, pour le gagner, lui parler son langage.

5.

Haut, avec une douceur grave.

Va, Roger ; dans la paix de leur calme sommeil
Contemple tes enfants.

(Il le mène à la porte, qu'il ouvre.)

Sur leur beau front vermeil,
Regarde : du baptême ils ont gardé la trace...
La Vierge leur sourit, toute belle de grâce,
Dans cet humble tableau que, sur son lit de mort,
La mère de tes fils baisait avec transport...
Veux-tu qu'on leur apprenne à traiter de chimère
Ce culte virginal qui consola leur mère ?
— Si ton cœur doute encore à côté des berceaux,
Entre au champ des défunts ; contemple les tombeaux.

Regardant au dehors.

La nuit répand sur eux sa lumière paisible...
Consulte les témoins muets de l'invisible.
Songe qu'après avoir combattu leurs combats,
Et marché quelques jours aux sentiers d'ici-bas,
Après quelques instants d'amertume ou de joie,
Tes fils, venus au terme où mène toute voie,
Heurtant du pied la tombe, y descendront sans bruit.

Montrant le calvaire.

Regarde le Sauveur, qui semble dans la nuit,
A la pâle clarté d'une lumière amie,
Veiller de ses élus la famille endormie.
Puis décide où tu veux que reposent les tiens,
Dans un sol hérétique ou près des vrais chrétiens.

Le comte, muet et pensif, entre un instant dans la chambre de ses
enfants, puis revient et traverse la scène, tête baissée, pour aller
dans le cimetière.

SCÈNE VI

LE MARQUIS

Dans ce cœur tourmenté que Dieu calme l'orage,
Et d'un cruel devoir y mette le courage !

SCÈNE VII

LE MARQUIS, ALBÉRIC

ALBÉRIC entre, puis hésite en voyant son grand-père.

Ah ! grand-père, c'est vous ! Vous êtes resté seul ?

LE MARQUIS

Oui. — Vous cherchiez le père, et vous trouvez l'aïeul ?

ALBÉRIC

Il est vrai.

LE MARQUIS

Mais pourquoi ?

ALBÉRIC

Vous l'avouer ? Je n'ose.

LE MARQUIS

Osez.

ALBÉRIC

Eh bien..., tous deux vous avez... quelque chose;
Un grand chagrin.

LE MARQUIS

Mon fils !

ALBÉRIC

En souffrir avec vous,
Pleurer entre vous deux m'aurait été bien doux...
Vous n'avez pas voulu ! — Qu'importe ma jeunesse ?
Ce chagrin, permettez qu'enfin je le connaisse.

LE MARQUIS, inquiet.

D'où savez-vous... ?

ALBÉRIC

Eh quoi ! Ces discours agités,
Ces éclats...

LE MARQUIS, à part.

O mon Dieu ! Nous a-t-il écoutés ?

Haut.

Vous entendiez ?

ALBÉRIC

Moi? Rien.

LE MARQUIS, rassuré.

                Rien. — Pourtant votre oreille
Cherchait... Vous rougissez.

ALBÉRIC

                D'une ruse pareille
Puis-je être soupçonné sans rougir sous l'affront ?

LE MARQUIS, à part.

Que j'aime la fierté qui colore son front !
        Haut.
Bien, mon fils.

ALBÉRIC

        Mais où donc est mon père ? A cette heure...

LE MARQUIS

Il ne tardera pas.

ALBÉRIC

        Je l'aperçois...
                        Il pleure !
Il va au-devant de son père et lui prend la main. (Il lui parle plus
        familièrement qu'à son aïeul.)

SCÈNE VIII

LE MARQUIS, LE COMTE, ALBÉRIC

ALBÉRIC

Vous souffrez ! Qu'avez-vous ?

LE COMTE, cherchant.

La lettre ?

LE MARQUIS

La voici.

Mais pourquoi ?

(Le comte la prend et la contemple.)

ALBÉRIC, au marquis.

Répondez : que fait-il donc ainsi ?

LE COMTE, après une lutte silencieuse, s'approche de la lumière
qui est sur la table et met le feu à la lettre.

Brûle, papier fatal : tu pourrais me séduire.
Tu me tentais. Péris. Ma main va te détruire.

A son fils.

Cet écrit, qu'à tes yeux le feu va dévorer,
C'est ta fortune, enfant ; ton pain. — Je puis pleurer.

LE MARQUIS, *serrant la main du comte,*

Cœur noble, cœur vaillant! Mon Dieu, je vous rends gloire.
— J'ai caché les combats. Je dirai la victoire.

A Albéric :

Mon fils, instruisez-vous.

Montrant la lettre réduite en cendres.

Vous voyez cet écrit ?
Au pacte qu'il offrait si nous avions souscrit,
Nous retrouvions d'un mot notre opulence antique.
Mais vous deviez passer à la secte hérétique.
Ce trafic, votre père, enfant, l'a rejeté!
Notre foi, notre honneur et notre pauvreté,
Voilà donc quels trésors feront votre partage.

ALBÉRIC

Il n'est pas sous le ciel de plus noble héritage.

LE COMTE

Et tu ne m'en veux pas de t'appauvrir ainsi ?

ALBÉRIC

Qui ? Moi! Je vous admire, et je vous dis merci.
Je savais, je sais mieux combien ce cœur nous aime.
Pour un si grand bienfait, Dieu vous paiera lui-même,
Le sacrifice aura sa récompense un jour.

LE COMTE, gravement.

Enfant, il l'a déjà; c'est ma foi de retour,
C'est, dans mon cœur brisé par un devoir austère,
Une force, une paix qui n'est point de la terre.

Un silence d'émotion recueillie.

LE MARQUIS

Déjà la nuit s'avance.

ALBÉRIC

Et les versets du soir ?

LE MARQUIS

C'est vrai. Ne manquons pas à ce pieux devoir.

ALBÉRIC

Voici la Bible.

LE MARQUIS

Ouvrez, et selon notre usage
Laissez le doigt de Dieu nous indiquer la page.

Albéric, placé entre son père et son aïeul, se signe, puis ouvre et lit.
On l'écoute tête nue, avec recueillement.

ALBÉRIC, lisant.

« ...Considérez les oiseaux du ciel; ils ne sèment
point, ils ne moissonnent point, ils n'amassent rien dans
leurs greniers; mais votre Père céleste les nourrit. N'êtes-
vous pas d'un bien plus grand prix que des oiseaux ?...

« Considérez comment croissent les lis des champs ; ils ne travaillent point, ils ne filent point.

« Et cependant je vous le dis, Salomon lui-même dans toute sa gloire n'a jamais été vêtu comme l'un d'eux.

« Si donc Dieu vêt de cette sorte une herbe des champs, qui vit aujourd'hui, et demain sera jetée au four, combien plus aura-t-il soin de vous vêtir, hommes de peu de foi ?

« Ne vous inquiétez donc point en disant : « Que « mangerons-nous, ou que boirons-nous, ou comment « nous vêtirons-nous ? »

« Ce sont les païens qui recherchent toutes ces choses. Mais votre Père céleste sait bien que vous avez besoin de tout cela.

« Cherchez donc avant tout le royaume de Dieu et sa justice, (appuyant) et tout le reste vous sera donné par surcroît. »

LE MARQUIS, interrompant.

Votre justice ! Eh bien, nous la cherchons, mon Dieu !
Pour elle, à quel espoir nous avons dit adieu !
Nous restons indigents sous notre toit de chaume :
Oui, nous l'avons cherché, votre divin royaume !

ALBÉRIC, reprenant.

« Donc, ne vous inquiétez pas pour demain. Demain se préoccupera de lui-même. A chaque jour suffit son mal. »

(MATTH. VI).

LE MARQUIS

La Vérité vous parle, et vous croyez.

LE COMTE, avec un accent pénétré.

Je crois.

LE MARQUIS, montrant le calvaire.

Vivons, souffrons, mourons à l'ombre de la Croix !

(RIDEAU).

Aberdovey (pays de Galles), novembre 1883.

BLASÉ ?

PERSONNAGES

Le Comte de MIREVAL.

ROBERT DE MIREVAL (19 ans).

JEAN DE MIREVAL (17 ans).

DORMEUIL (25 ans).

RENÉ (19 ans).

PAUL (21 ans).

De LUSSAN.

JEAN-MARIE, domestique de Robert.

A Poitiers, chez Robert de Mireval, décembre 1870.

BLASÉ ?

UN ACTE EN VERS.

SCÈNE I

JEAN-MARIE, rangeant et nettoyant. Il s'arrête un moment devant une fenêtre ; — naïvement.

Décidément, Poitiers est plein de militaires !
Dans la ville, aujourd'hui, partout des volontaires,
Des zouaves du Pape ! — Et les damnés Prussiens,
Ont-ils assez fauché parmi ces bons chrétiens !

Qui frappe ?

En entr'ouvrant la porte.

Deux soldats !

SCÈNE II

JEAN-MARIE, JEAN DE MIREVAL, et LE COMTE,
TOUS DEUX EN VOLONTAIRES DE L'OUEST

Ils entrent par la porte de droite.

JEAN, entrant avec impétuosité.

Eh ! c'est nous, Jean-Marie.

JEAN-MARIE, bouleversé.

Vous!... et Monsieur !

JEAN

Voyez cette mine ahurie !

JEAN-MARIE, joignant les mains.

Sainte Vierge ! — C'est vous !

JEAN

Bien sûr. N'en doute pas.

JEAN-MARIE

Quoi ! tous deux engagés !

LE COMTE

Tous deux simples soldats.

JEAN-MARIE, hochant la tête.

Cela ne m'entre point, Monsieur, dans la cervelle.

JEAN, solennel.

Place au feu, Jean-Marie, et place à la chandelle,
Voilà ce que de toi réclament deux troupiers !

JEAN-MARIE, baissant les yeux; avec confusion.

Vous, des troupiers !

JEAN

Eh bien ? — Veux-tu voir nos papiers ?

LE COMTE, qui paraît distrait et examine l'appartement,

à Jean-Marie.

Et Robert ?

JEAN-MARIE

Ah ! Monsieur est sorti, pour affaire...

Timidement.

Ainsi, Monsieur le Comte est vraiment... militaire ?

LE COMTE

D'aujourd'hui, mon bon Jean.

JEAN, riant de l'étonnement de Jean-Marie.

                Oh ! le nigaud.

JEAN-MARIE

                                  Mon Dieu,
Si Monsieur voulait bien... là... m'expliquer un peu ?

LE COMTE

Volontiers, mon ami. — Tu connais les zouaves ?

JEAN-MARIE

Les vieux soldats du Pape ?

LE COMTE

                  Oui. — Tu sais qu'ils sont braves.
Eh bien, voilà huit jours, ils donnaient, à Patay (1).
En héros des vieux temps leur bataillon luttait.
— Il a payé sa gloire, et le prix est énorme.
Démembré par la mort (2), il faut qu'il se reforme.
Il a gagné Poitiers.

JEAN

                Il s'organise ici.

LE COMTE

Et l'on vient s'enrôler en foule (3).

JEAN

                        Et nous voici !

JEAN-MARIE, ému.

Oh ! c'est beau ! — (Avec embarras.)
                              Mais pourtant...je ne m'y connais guère,

A Jean.

Mais, Monsieur, pour aller à cette rude guerre,
Vous, vous êtes trop jeune...

LE COMTE, achevant.

                              Et je le suis trop peu,
N'est-il pas vrai?

JEAN-MARIE

D'ailleurs, s'il faut aller au feu,

A Jean.

Votre aîné suffit bien.

JEAN

Le voilà capitaine !

JEAN-MARIE

C'est brillant ; mais cela ne tire point de peine.
Perdu l'on ne sait où, suivant on ne sait qui...!

JEAN

Au contraire, on le sait : dans l'Est, sous Bourbaki !
— Mais ce Robert ?

JEAN-MARIE

Bientôt il rentrera, j'espère.

JEAN

Nous aurions pu venir ce matin, mais mon père
A voulu chez son fils arriver en soldat.

LE COMTE, qui a examiné toute la chambre.

Oh ! tout ce que je vois me désole et m'abat.
— Jean-Marie ?

JEAN-MARIE

Oui, Monsieur.

LE COMTE

Tu vas être sincère :
L'entière vérité m'est ici nécessaire.
Tu le sais, dès longtemps j'ai confiance en toi.
Quand naguère mon fils s'est séparé de moi
Pour venir à Poitiers achever ses études,
J'ai su sacrifier de chères habitudes,
Et de ton vieux bon sens j'ai privé ma maison
Pour qu'il fût le gardien de sa jeune raison.
Or, sa chambre déjà m'inspire quelque crainte.
D'une molle élégance on y voit trop l'empreinte.
Ces volumes suspects, ce luxe épicurien,
Ce faux air de boudoir, tout cela ne vaut rien.
Qu'en dis-tu ?

JEAN-MARIE

Vous voulez savoir ce que j'en pense ?
Je n'y vois point de mal... que la folle dépense.

Ce n'est que pour la mode et le qu'en dira-t-on.
Pauvre Monsieur Robert ! Si facile et si bon !
Le goût de ses amis est sa règle suprême.
Il dit, il fait comme eux. Au fond, toujours le même !

LE COMTE

Tu le crois ?

JEAN-MARIE

A l'entendre, il serait bien changé.
Il prend parfois un air fendant et dégagé :
C'est pure mode encor.

LE COMTE

Je crains que la tendresse
Dans ton cœur, mon bon Jean, ne touche à la faiblesse.

JEAN-MARIE

Non, Monsieur. Je lui fais un reproche, sans plus :
Ses amis sont pour lui des maîtres absolus.
Un surtout, — ce Dormeuil ! — le mène et le domine...

S'oubliant.

Oh ! de tous ces beaux fils je n'aime point la mine ;
Ils nous le gâteraient, notre petit Robert !

Confus.

Monsieur, pardonnez-moi.

(Le Comte lui serre la main en souriant.)

JEAN

Mais qui t'a découvert
Leurs manéges ?

JEAN-MARIE

Monsieur très souvent les invite,

JEAN

Bon. Après?

JEAN·MARIE

C'est ici qu'il reçoit leur visite,
Dans la chambre à côté (il désigne la porte du fond)
je travaille parfois...
Vous comprenez ?

JEAN

Eh bien ?

JEAN-MARIE

Par leurs éclats de voix
Quand ils sont échauffés, quand la dispute est vive...

JEAN

Leur conversation à ton oreille arrive.

JEAN-MARIE

Je ne suis pas grand clerc, mais de nos familiers
Les propos bien souvent m'ont paru singuliers.

LE COMTE, pensif

Viendront-ils aujourd'hui ?

JEAN

Qu'importe ?

JEAN-MARIE

Le contraire
M'étonnerait.

LE COMTE

C'est bien. A Jean.
Pour connaître ton frère,
Je veux à son insu l'entendre et l'observer.

JEAN

Quelle idée !

LE COMTE

I le faut, Jean. C'est pour le sauver.
— Tu tairas ma présence à Poitiers, Jean-Marie.
Montrant la porte du fond.
Et moi, caché...

JEAN

Qui sonne avec cette furie ?
A la fenêtre.
Ah ! c'est lui !

LE COMTE à Jean.

Le moyen ne me plaît qu'à demi :
C'est vrai. Mais nous marchons demain à l'ennemi ;
Le temps presse, et je veux provoquer une crise...

Il sort avec Jean par la porte du fond.

SCÈNE III

ROBERT, DORMEUIL, RENÉ, PAUL, JEAN-MARIE

ROBERT, en ouvrant la porte de droite.

Vous entraîner n'est pas une mince entreprise !

RENÉ

Mais nous étions pressés !

ROBERT, incrédule.

Oh ! — D'ailleurs, en passant
On peut du moins jeter un coup d'œil.

Il désigne le fauteuil à bascule.

DORMEUIL, froid.

Ravissant.

RENÉ, s'y étalant.

Et commode !

PAUL

Messieurs, honneur à l'industrie !

DORNEUIL à Paul.

Homme pratique !

ROBERT apercevant le fusil que Jean a oublié dans sa précipitation.

Eh mais ?

PAUL, de même.

Qu'ai-je vu ?

ROBERT

Jean-Marie ?

JEAN-MARIE

Monsieur ?

ROBERT

Mais ce fusil ?

JEAN-MARIE à part.

Malheur ! fatalité !

Que dire ?

ROBERT

Qu'as-tu donc ? Tu parais agité !...

JEAN-MARIE

Moi? Nullement!... Ce sont des soldats... qu'on vous
[donne...

ROBERT

A loger?

DORMEUIL

Beau cadeau !

ROBERT

Mais je ne vois personne.

Il veut aller à la porte du fond.

JEAN-MARIE, vivement.

Ils sont sortis, Monsieur !

DORMEUIL, d'un ton de maître.

Qu'ils aillent à l'hôtel,
A vos frais! Des soldats, c'est d'un ennui mortel.

ROBERT, après un instant de surprise.

Bien pensé. — vivement.
J'y songeais.

DORMEUIL

Bah !

Robert fait signe à Jean-Marie, qui sort.

SCÈNE IV

LES PRÉCÉDENTS, moins JEAN-MARIE

PAUL

Ce vieux domestique
N'eût point trouvé cela.

DORMEUIL

Ce serviteur antique
Auprès de vous, Robert, est un vrai contre-sens.

PAUL

Meuble dépareillé.

RENÉ

Démodé.

ROBERT

Je le sens.
Mais sur ce point, mon père, en paroles si nettes...

RENÉ, nonchalant.

Franchement, il vous va, cher, comme des lunettes
Sur un nez de quinze ans.

PAUL, riant.

               Payez-vous un lorgnon !
Quelque garçon plus jeune et plus gai compagnon.
Cette face de vieux est trop patriarcale.

RENÉ

Bah ! la placidité qu'à nos yeux elle étale
Me déplait moins, à moi, que les airs égarés
De tous ces pauvres gens affolés, effarés,
A qui la guerre embrase et tourne la cervelle.
Ils s'en vont, dévorant chaque affiche nouvelle,
Pérorant dans un groupe, au risque d'étouffer,
Et trouvant le bon plan qui seul peut triompher.

DORMEUIL

Tout Poitiers est en feu, c'est un fait.

PAUL

                 En décembre !

DORMEUIL

Par bonheur, pour le fuir, nous avons cette chambre.
Le thermomètre y reste au niveau du bon sens.
En ville, il monte, il saute en bonds... étourdissants.

RENÉ, solennel, en s'étendant dans son fauteuil et s'y balançant.

Le club des hommes froids (à Robert)
                tient chez toi ses séances.
Enthousiasmes sots, banales doléances,

Tout cela nous inspire un superbe dégoût.
Éclairés sur la vie et revenus de tout,
Indifférents, blasés, nous sommes les vrais sages !

PAUL

Sans nous flatter.

RENÉ, rêveur.

C'est beau la sagesse ! à nos âges !

ROBERT, naïvement.

A qui la devons-nous, mes amis ? à Dormeuil.

DORMEUIL

C'est mal à vous, Messieurs, de m'induire en orgueil.
   Fat.
Pour les ans, j'ai sur vous un bien faible avantage ;
Mais le don d'observer qui m'échut en partage,
L'étude, le savoir... voilà par où je vaux,
Si je vaux...

RENÉ

Non, pitié ! Laissons là Despréaux.

ROBERT

Et, prodigue pour nous de votre expérience...
       Dormeuil proteste.
— Pouvez-vous le nier ? En bonne conscience ?
Voilà trois mois, Dormeuil, je n'étais qu'un enfant :
Est-ce vrai ?

DORMEUIL

Mon ami, le respect me défend...

ROBERT

Oui, j'étais un enfant. J'en rougis quand j'y songe !
Des sublimes dehors ignorant le mensonge,
Prompt aux larmes, joyeux, désireux d'admirer,
Fier de sentir mon cœur, orgueilleux de pleurer,
J'avais, — moi si content d'être tendre, belle âme, —
Et la candeur d'un sot, et les nerfs d'une femme.
Au premier mot, naïf ! j'estimais tout prouvé,
Et je croyais toujours que « c'était arrivé ».
A quel point je devais vous sembler ridicule !

DORMEUIL, d'un ton protecteur.

Non. Vous étiez charmant.

PAUL, bas à René.

Il le dit sans scrupule.

DORMEUIL

Mais d'un charme ingénu, quelque peu puéril.

ROBERT, vivement.

Aujourd'hui, grâce à vous, j'atteins l'âge viril
Et tenez : quand je vois les têtes échauffées
Rêver combats géants, victoires et trophées ;
De paisibles bourgeois s'exprimer en Bayards...

DORMEUIL

Vous daignez vous fâcher ?

ROBERT

Eh bien ?

DORMEUIL

C'est trop d'égards.
Quoi ! pour l'amour des fous se tourmenter la bile !
Il suffit du sourire et du dédain tranquille.

ROBERT

Mais la guerre est un mal !

DORMEUIL

Elle est un crime.

PAUL

Ah bah !

DORMEUIL

Mais oui.

PAUL

Pour la patrie enfin si l'on combat !
Sans me piquer d'ailleurs de sublime héroïsme...

DORMEUIL

Mon bien cher, la patrie est un anachronisme !

PAUL

Oui?

DORMEUIL

Jadis chaque peuple, ombrageux, bien armé,
Restait dans son pays de hauts murs enfermé.
Partout le moyen âge élevait ses barrières.
Mais l'ardent chauvinisme et les fureurs guerrières
En Europe aujourd'hui ne sont plus de saison.
Le citoyen du monde a, ma foi, bien raison.
L'Europe désormais n'est qu'une immense ville.
Toute guerre y devient une guerre civile,
Misérable conflit de quartier à quartier.

PAUL

Et dès lors nos soldats font un vilain métier?

DORMEUIL

Certes! Tranchons le mot : le bien digne d'envie
Positif entre tous, clair et sûr, de la vie,
C'est la vie.

PAUL

Oh! d'accord.

RENÉ, regardant Dormeuil.

Voyez le médecin !

PAUL

Donc Bayard aujourd'hui serait un assassin ?

DORMEUIL

Le terme paraît dur, mais au fond la pensée...

RENÉ, nonchalant.

La question, Messieurs, s'est un peu déplacée...

DORMEUIL

En effet. Je disais que jamais il ne faut
S'emporter contre un vice ou blâmer un défaut.
Molles émotions des natures rêveuses,
Élans impétueux des machines nerveuses
Qui sous le moindre choc partent éperdûment,
C'est fatal tout cela. C'est le tempérament.
Pourquoi lancer aux gens nos fougueux anathèmes ?

RENÉ

Mais ils posent !

DORMEUIL

Oui, mais d'abord devant eux-mêmes,
Et ces trompeurs naïfs sont les premiers trompés.
Car tous, du seul devoir ils se croient occupés.
Chatouillé par l'éloge et par son doux murmure,
Ce héros vaniteux recherche une blessure. —
Cet autre brave tout, mais il veut en retour
Sentir la sympathie, et l'estime, et l'amour :
Il lui faut respirer cette tiède atmosphère,
Et cet être frileux pour cela va tout faire.—

Un troisième est plus fort : il n'attend rien d'autrui,
Mais s'applaudir soi-même est son plaisir, à lui.
L'égoïsme est vraiment le plus grand des Protées.
Il a pour se cacher cent formes empruntées ;
De cent noms de vertus lui-même il s'est nommé ;
Mais c'est lui, toujours lui, latent et transformé.

ROBERT

Mon cher, vous m'effrayez.

DORMEUIL

                            Et je vous scandalise ?

ROBERT

J'admire avec terreur cette fine analyse.

PAUL

Eh ! tout cela se lit dans La Rochefoucauld.

DORMEUIL, piqué.

C'est vrai : du grand penseur je ne suis que l'écho.
— Tout est donc ici-bas mensonge et duperie.
Mais faut-il qu'on s'en fâche, ou faut-il qu'on en rie ?
Rions, ma foi, rions ; c'est moins triste et plus sain.
Le monde est fou. Tant pis ! Suis-je son médecin ?

PAUL, railleur.

Non, vous n'exercez pas, docteur.

DORMEUIL

Sa maladie
Est bouffonne, et gratis m'offre la comédie :
Tant mieux ; du genre humain je me fais spectateur.
Doucement, dans mon coin, je sifflerai l'acteur.

ROBERT, riant.

A siffler avec vous, Dormeuil, dans votre loge,
Vous nous avez admis,

RENÉ

Cela fait son éloge.
Trois grotesques de moins sans doute à bafouer !
Car nous montions en scène et nous allions jouer.

PAUL, à René et à Robert.

Il perdait un plaisir. Mais quoi ! Sous sa parole
Pétrir un jeune esprit comme une cire molle,
Pour l'homme impérieux et né dominateur
C'est un plaisir plus doux, un succès plus flatteur.

DORMEUIL

Vous abusez toujours de votre esprit caustique.

PAUL

Votre doctrine est fausse alors qu'on vous l'applique ?

DORMEUIL

Vous répondez, mon cher, fort impertinemment.

PAUL, debout et se promenant.

Oh ! chacun là-dessus connaît mon sentiment :
Je hais les mots gantés, je hais la miévrerie,
Et ces égards musqués de sotte afféterie.
C'est élégant, d'accord ; c'est joli, ravissant !

S'arrêtant et se croisant les bras.

Combien cela peut-il vous rapporter pour cent ?

DORMEUIL

Vous êtes positif !

PAUL

Je le suis, et m'en vante.
Je n'ai point ma chimère orgueilleuse et savante.
Je ne dissèque pas le pauvre cœur humain.
Ce patient effort, est-ce là du dédain ?
Moi, plus ferme penseur, voici ma loi suprême :
Je supprime le monde et ne suis qu'à moi-même.
Ma nature pratique...

DORMEUIL

On vous sait financier !

PAUL, sans l'entendre.

Pèse au poids de l'utile...

DORMEUIL, éclatant.

Oui, comme un épicier !

PAUL, blessé.

Mais... !

RENÉ gardant toujours sa nonchalance élégante.

Ta, ta, calmons-nous, Messieurs. Je vous défie
Pour le mépris du monde et la philosophie.
— Ici-bas, d'après vous, tout est fragile et vain.
J'y consens, j'applaudis; le principe est divin.
Mais de ces grands esprits voyez l'inconséquence !
L'un s'épuise en calculs, et l'autre en éloquence.
Moi seul, je suis logique et conclus jusqu'au bout.
Tout est vain : rions donc et moquons-nous de tout.

Profond.

J'ai médité : voilà pourquoi je suis frivole.
Pour qui pense, la vie est une farandole,
C'est le tohu-bohu d'un bruyant carnaval.

A Dormeuil.

Pour démasquer les gens vous prenez bien du mal.
Moi...

Entre Jean-Marie annonçant. Il se retire ensuite.

SCÈNE V

LES PRÉCÉDENTS, PAUL DE LUSSAN,

ET AU COMMENCEMENT JEAN-MARIE

JEAN-MARIE

Monsieur de Lussan.

(Il s'en va. On se lève. Salut.)

DE LUSSAN, à Robert.

Je vous connais à peine,
Monsieur ; mais vous savez la raison qui m'amène.
Un service rendu réclamait un merci.

On s'assied.

ROBERT

Oh ! de grâce...

DE LUSSAN, un peu exalté.

Il est vrai ; je le comprends aussi :
Rendre service est doux quand l'âme est généreuse.
Et surtout dans ces jours. La France est malheureuse :
Près d'elle ses enfants accourent se presser,
Plus unis, plus joyeux s'il faut se dépenser.

Dormeuil, René et Paul se font des signes. Robert essaie de les arrêter.
De Lussan continue sans rien voir.

Ces revers, ces grands coups ont réveillé les âmes.
Et partout quelle ardeur ! — Souvent de simples femmes
Qu'emporte une folie aux sublimes élans,
Étonnent les plus fiers par leurs accents brûlants.
— De grâce, excusez-moi. Je sens que ma voix tremble;
Vous me voyez ému, troublé.

DORMEUIL

> Mais il me semble

Qu'en effet...

DE LUSSAN

> C'est, Messieurs, qu'à l'instant j'ai pu voir
Un spectacle bien rare et fait pour émouvoir.
— Une dame, ici près, a son fils militaire.
Ensemble, nous causions de son cher volontaire.
Elle, tout en parlant, serrait comme un trésor
Son second fils, Edmond. — Il est tout jeune encor.
A la porte soudain nous voyons apparaître
Un homme pâle, aux traits consternés. C'est un prêtre.
La mère comprend tout. Elle jette un sanglot... ;
Mais savez-vous, Messieurs, quel fut son premier mot ?
« Georges est mort! ô Dieu, quelle affreuse souffrance !
« Je n'ai donc plus de fils à donner à la France! »
Puis, saisissant Edmond : « Si, dit-elle, plus tard;
« Car tu seras soldat (4) ! » — Et son ardent regard
Rayonnait; on eût dit que de sa main crispée
Dans la main de l'enfant elle plaçait l'épée.

ROBERT, ému.

C'est sublime.

RENÉ, poli.

C'est grand.

DORMEUIL, bas à René.

Je crois que vous pleurez !

ROBERT, bas.

Que vous importe ?

DE LUSSAN, qui a entendu.

Eh quoi ! Ne sont-ils pas sacrés,
Monsieur, ces pleurs virils que l'héroïsme évoque ?
— Peu d'accord, j'en conviens, avec ma froide époque,
Je plains qui méconnaît le plaisir d'admirer,
Et qui ne goûte point la douceur de pleurer, —
Non pas, entendez bien, non pas ces lâches larmes
Où les cœurs amollis savourent tant de charmes :
Je hais de leurs soupirs l'énervante fadeur ;
Mais ces larmes, tribut qu'on rend à la grandeur,
Où vous voyez sans doute une sotte faiblesse,
Et qui sont à mes yeux un titre de noblesse.

DORMEUIL

Si, pour vaincre, il suffit d'un langage éloquent,
Votre discours, Monsieur, doit être convaincant.

Froid et cassant.

Mais — supporterez-vous ce sacrilège horrible ? —
Le savant est brutal ; comme un enfant terrible
Il brise ce joujou qu'on nomme sentiment,
Et ce qu'il y découvre, il le dit... trop crûment.
D'après lui, pardonnez sa franchise insolente,
Le cœur ? c'est une pompe aspirante et foulante ;

Parodiant le ton lyrique.

« Ces perles dont le cœur est le vivant écrin,
« Les larmes » (brutalement)
                c'est, Monsieur, de l'eau, du sel marin,
Que sais-je ? du mucus, du phosphate de soude. —
De savant à poète, on s'en veut, on se boude...

DE LUSSAN, souriant, calme et très courtois.

Et j'en vois la raison. Surtout, je crois prouvé
Que vous êtes, Monsieur, un chimiste achevé.

Il se lève et salue.

Messieurs !   (A Robert.)
        Mon cher Monsieur !

ROBERT, le reconduisant, aux trois autres.

Permettez.

DORMEUIL, à Paul et à René.

                        Qu'il est fade !

ROBERT, à mi-voix, à Lussan.

Oh ! de grâce, oubliez cette folle incartade.
Il est brusque ; il est vif.

DE LUSSAN, sur le seuil.

Ce n'est rien. J'avais tort
Tout le premier.

(Salut. Robert revient.)

SCÈNE VI

ROBERT, DORMEUIL, PAUL, RENÉ

ROBERT

Dormeuil, mon ami, c'est trop fort !
Un étranger ! chez moi ! riposter de la sorte !

DORMEUIL, le prenant de haut.

Oui, riposte, en effet. Il s'enflamme, il s'emporte ;
Ce beau sentimental me donne une leçon :
Dois-je la recevoir comme un petit garçon ?

ROBERT, intimidé.

Vous dites bien. Pourtant...

DORMEUIL, le dominant.

Faut-il donc par faiblesse
Cacher mon sentiment à ce fat qui s'en blesse ?

Il se promène. Se parlant à lui-même.

Triple sot ! Grâce aux dons qu'en lui j'avais cru voir
Je l'ai donc introduit — je croyais le pouvoir !

Dans ce groupe d'amis à l'esprit philosophe !

Se retournant brusquement vers Robert.

Mais, parbleu, d'un penseur vous n'aviez pas l'étoffe !

Se calmant ; avec bonhomie.

Et n'était qu'on vous aime, allez, nous devrions...

ROBERT

Apaisez-vous, Dormeuil, et de grâce, oublions.

DORMEUIL, *d'un ton paternel.*

Oublions, soit,
   Mais quoi ! Plus de cinq heures ! Peste !

Il va pour sortir.

ROBERT

Si de votre soirée un petit bout vous reste,
Donnez-le-moi.

DORMEUIL

  C'est dit. *(Souriant.)*
   Mais l'honneur vous défend,
Quand nous sommes fâchés...

ROBERT, *lui serrant la main.*

Oh ! fâchés !

Paul, René et Dormeuil sortent. Robert est à la porte de droite, les regardant descendre.— Cependant le comte et Jean entrent par le fond. Robert se retourne et les aperçoit au milieu de l'appartement.

SCÈNE VII

LE COMTE, JEAN, ROBERT

LE COMTE, les bras croisés, regardant Robert.

> Pauvre enfant!

ROBERT

Quoi! Jean!... Quoi! vous, mon père!

JEAN

> Eh oui!

ROBERT

> Bonté divine!
Comment! Vous? Engagés, n'est-ce pas? Je devine.

LE COMTE

En effet.

ROBERT

Mais tous deux! Et vous hâter ainsi?
Aller droit au bureau, sans même entrer ici!
Étrange idée! — Au moins, l'avez-vous bien mûrie?

LE COMTE

Faut-il tant calculer pour aimer la patrie?

ROBERT

Soldats !

LE COMTE, appuyant.

Or, des soldats, « c'est d'un ennui mortel. »

ROBERT, stupéfait.

Eh quoi ?

LE COMTE

Veux-tu, mon fils, m'envoyer à l'hôtel ?

ROBERT, accablé.

Donc notre causerie... O Dieu !

LE COMTE

                    Je l'ai surprise.

Un long silence.

ROBERT

Et votre cœur si fier sans doute me méprise?

LE COMTE

Non, mon enfant. Il t'aime, il croit toujours en toi.

ROBERT

Hélas ! Je n'ai jamais réfléchi sans effroi
A cette heure pénible où vous verriez, mon père,
Le changement profond qu'en mon sein l'âge opère.

LE COMTE, souriant à demi,

Tu te crois bien changé ?

ROBERT

Vous devez le savoir.
Mais arrêter le temps est-il en mon pouvoir ?
Avec l'âge on voit mieux... Du moins, je puis le dire,
Si tout s'écroule en moi, ce n'est pas sans maudire
Ce sourd ébranlement qui détruit le passé,
Et les beaux rêves d'or dont je m'étais bercé.
De la virilité c'est la crise fatale.
Mais en la subissant, je hais sa main brutale.
De ses illusions mon cœur trop enchanté
N'accepte qu'en saignant la froide vérité.

Il pleure silencieusement.

LE COMTE

Ne pleure pas !

ROBERT

Oh ! si, car je connais la vie !

A Jean.

Tu l'ignores, toi, frère. Oh ! je te porte envie.

LE COMTE

Calmons-nous, et soyons sérieux un moment.
Vous vous jugez fort mal, mon cher fils.

ROBERT

Et comment?

LE COMTE

C'est trop vous prodiguer et l'éloge et l'injure.
Vous vous dites un homme ; et moi je vous le jure,
Vous n'êtes qu'un enfant ! — Vous vous croyez blasé,
Éclairé sur la vie, instruit, désabusé ;
Votre cœur s'est éteint... belle métamorphose !
Mais, au fond, ce n'est là qu'une mode, une pose...

Robert fait un geste de protestation. Le comte reprend.

Inconsciente, oh ! oui.

ROBERT, triste.

Le mal est plus profond.
Je suis blasé, vous dis-je.

LE COMTE

Enfant, — ceux qui le sont
Ne sentent point leur mal.

ROBERT, incrédule.

Oh ?

LE COMTE

Sans peur je l'assure.
Ton cœur est bien vivant : il connaît sa blessure.

ROBERT

Certes, il la connaît !

LE COMTE

Sans doute ! — Et je revois
Et je retrouve encor mon Robert d'autrefois.

ROBERT, riant et pleurant.

Vous croyez ?

LE COMTE, convaincu.

Oui, mon fils.

ROBERT, se jetant dans les bras de son père.

Oh ! tant mieux... ! car on souffre... !

LE COMTE

Va, tu peux t'arrêter. — Mais tu marchais au gouffre.
Il faut donc à tes yeux en dévoiler l'horreur.

ROBERT, humblement.

J'écoute.

JEAN

Pauvre ami !

LE COMTE

Comprends bien ton erreur.

Ta faute, la voici : c'est la grave imprudence
D'admettre à tes secrets et dans ta confidence
Des amis dangereux, acceptés au hasard.
— Pour saisir leur ouvrage, il suffit d'un regard.
Ils t'ont communiqué leur frivole mollesse.
— Que fait là ce Musset ?

Le regardant en face.

Aurais-tu la faiblesse

D'y chercher... ?

ROBERT

Non,

LE COMTE

Alors ?

ROBERT

Mais chez nos élégants
On possède un Musset tout comme on a des gants.
On peut ne pas l'ouvrir ; mais il faut qu'on l'étale.
C'est un meuble obligé.

LE COMTE

Servitude fatale !
Arrière l'écrivain puissant, mais corrupteur !
Nos malheurs, notre honte, en connais-tu l'auteur ?
C'est le vice embelli par ce noble génie,
Qui s'est prostitué jusqu'à l'ignominie.
Ah ! quand la France meurt de l'enivrant poison,
S'en abreuver encore est-il bien de saison ?

Quand les cœurs sont en deuil et les têtes courbées,
Robert, on prend la Bible : on lit les Machabées.
— Mais la Bible est sévère à ta légèreté.
Par le rythme enchanteur tu veux être flatté :
Du moins qu'un mâle accent résonne à ton oreille.
Ote-moi ton Musset, et prends le vieux Corneille !

— Et ce bronze effronté, que fait-il en ce lieu ?
Tu possèdes un christ. Rougis-tu de ton Dieu ?
Il règne, mon enfant, dans ton âme chrétienne.
Ote-moi cette image insolemment païenne,
Et Lui, qu'au grand soleil, à la place d'honneur,
Il soit ici le Maître et le premier Seigneur.

Robert obéit en silence, ôte la statuette et va chercher un christ
qu'il installe bien en vue.

LE COMTE

Bien. — Mais près de la croix, tant de luxe me blesse.
Ce Dieu souffrant et nu condamne ta mollesse.
Et, sans monter si haut, j'ai peine à concevoir
De quel cœur tu pouvais composer ce boudoir
En songeant à ton frère, aux douleurs qu'il endure.
De cet hiver affreux il subit la froidure ;
Il étend sur le sol son corps endolori.
Robert, l'oublierais-tu ?

JEAN

Notre aîné ?

LE COMTE

Notre Henri ?

ROBERT

Ah ! vous êtes cruels.

LE COMTE, bas.

Son âme est noble encore.

ROBERT

Si vous saviez combien de journaux je dévore
Pour le suivre de loin, chaque jour, pas à pas,
Vous verriez que je l'aime.

JEAN

Eh ! nous n'en doutons pas.

LE COMTE

Où sont-ils ces journaux ?

ROBERT, ouvrant un tiroir.

Ils sont là. Je les cache.

Il fait un geste de dépit comme en ayant trop dit.

LE COMTE

Qu'est-ce à dire ?

ROBERT, gêné.

Non. Rien.

LE COMTE

Faudra-t-il qu'on t'arrache
Ce secret?...

ROBERT

Eh bien donc, mes amis pourraient voir
Que je suis nos malheurs, et m'en laisse émouvoir :
Ils viendraient m'accuser d'entrainement vulgaire.

LE COMTE

Eux-mêmes peuvent-ils ne pas suivre la guerre ?

ROBERT

Oh ! sans doute, en secret ils lisent leur journal...
Au dehors, la gageure est là...

LE COMTE

C'est infernal !

Un silence.

— Ton jugement est droit, Robert : qu'il réfléchisse.
Ces menteurs disaient donc : « Il faut qu'on l'affranchisse,
Cet enfant ! » — et leur joug t'accable, il te meurtrit !
— Ils te disaient encor que pour former l'esprit,
Il faut briser le cœur, l'étouffer et l'éteindre.
S'ils le pensent vraiment, comment assez les plaindre ?
S'ils voulaient t'abuser... sophistes odieux ! —
Ils disaient faux du moins. (Désignant Jean.)

Et, tiens, là, sous tes yeux,
Un argument vivant te prouve le contraire.

ROBERT, affectueux.

Comment lui résister ? — Mais en quoi ?

LE COMTE

                                        Oui, ton frère.
Tu l'as connu léger, folâtre, insouciant.
Pour tout dire, il prenait l'existence en riant.

ROBERT, à Jean, qui fait la moue.

Mon ami, la peinture est ressemblante, en somme.

LE COMTE

Eh bien, l'enfant d'hier à cette heure est un homme...

JEAN, soulagé.

Ah ! l'on me rend justice !

LE COMTE

                        Et ce grand changement
Je l'ai vu s'accomplir.

ROBERT

                Oh ! dites-moi comment.

LE COMTE

Jean te racontera tout au long ce miracle.
En un mot, il a vu le sublime spectacle
D'un héros qui s'immole et qui s'offre joyeux.
Il a pleuré : les pleurs ont dessillé ses yeux.

Son âme a tressailli, stupéfaite et ravie.
Il a soudain connu que le mot de la vie
Ce n'est pas vaine joie et fol amusement,
Mais travail, sacrifice, amour et dévouement. —
Cet étourdi ne sait ce qu'il fait sur la terre.
Mais la grandeur se montre; elle vient, belle, austère,
Jette à ce jeune cœur son charme triomphant :
L'homme soudain s'éveille et surgit dans l'enfant.

ROBERT, éclatant.

Comme ils m'avaient trompé !

LE COMTE

Tu le sens.

ROBERT, à Jean.

Heureux frère !

Pensif.

Mais à leur influence il faudra me soustraire...

Haut.

Vous êtes arrivés ce matin, n'est-ce pas ?
Et si vite enrôlés ! Et vous voilà soldats !

JEAN

Oh ! dans nos tristes jours tout dévouement s'accueille. —
« Je veux être soldat. » — On vous tend une feuille ;
Vous signez, tout est dit.

ROBERT

Mais votre habillement ?

JEAN

Pour prendre l'uniforme ? Il ne faut qu'un moment !
On vous toise : un coup d'œil suffit, et prend mesure ;
Puis dans quelque ballot on plonge une main sûre.

ROBERT

Et l'on trouve ?

JEAN

Sans doute !

ROBERT, rêveur.

Ah ! — Six heures bientôt...
Vous allez m'excuser... A six heures, il faut
Que je sois...

LE COMTE

Tu t'en vas ?

JEAN

C'est ainsi qu'il nous quitte !

ROBERT

Frère, c'est un devoir... Il faut que je m'acquitte.

JEAN

Quel devoir ?

ROBERT

Un quart d'heure, et vous le connaîtrez.

LE COMTE

Va, Robert; va, c'est bien.

JEAN

Il court. — On frappe.

LE COMTE

Entrez.

SCÈNE VIII

LE COMTE, JEAN, JEAN-MARIE.

JEAN-MARIE

C'est moi, Monsieur. Voici des journaux, une lettre.

LE COMTE

Donne.

JEAN-MARIE

A Monsieur Robert j'ai voulu les remettre :
Mais il ne m'a pas vu seulement. Du palier
Il était en trois bonds au bas de l'escalier.

Le comte donne un journal à Jean, et garde l'autre.

JEAN

Lisons donc.

Tous deux parcourent. Jean-Marie reste à les observer.

Tu parais anxieux. Quelle cause?

JEAN-MARIE

Si sur Monsieur Henri vous trouviez quelque chose..
Quoi! Dans tous ces papiers... rien sur son régiment ?

JEAN

Pas un mot... Rien...

Mais si !... Grand Dieu !

LE COMTE

Qu'as-tu ? Comment?

Jean passe silencieusement le journal à son père, en désignant
le passage.

LE COMTE

Mort!

JEAN-MARIE

Sainte Vierge !

JEAN

Hélas !

LE COMTE

La nouvelle est certaine.
Point de doute. C'est lui.

JEAN

C'est lui !

LE COMTE, lisant lentement.

« ... Le Capitaine
Henri de Mireval. »

JEAN-MARIE

Pourtant, il faudrait voir...

JEAN

Voir quoi ?

JEAN-MARIE

Moi, je ne puis perdre ainsi tout espoir.

JEAN

Mais quoi ?

JEAN-MARIE

Je ne sais pas. Un nom propre qu'on change,
Un chiffre mal écrit... En ce temps, rien d'étrange...
Tant de fausses rumeurs...

JEAN

Tant de bruits controuvés,
En effet !...

LE COMTE

Taisez-vous, mes amis, vous rêvez !...

J'ai peur de me laisser aller à l'espérance.
A quoi bon, pour plus tard, augmenter sa souffrance ?
Long silence.

JEAN

Pauvre Henri !

JEAN-MARIE, à mi-voix, à lui-même.

Mais c'est faux !

LE COMTE

Henri ! mon premier-né !

SCÈNE IX

LES PRÉCÉDENTS, ROBERT, entrant gaiement, vêtu en zouave.

JEAN

Robert ! En zouave ?

JEAN-MARIE

Oh !

LE COMTE

Je l'avais deviné.

8

ROBERT

Pourquoi ces yeux baissés et ces airs de novice?

LE COMTE, gravement.

Est-ce chose conclue? As-tu pris du service?

ROBERT

Il manque, paraît-il, quelques formalités.
C'est comme fait d'ailleurs. (A tous.)
                              Mais quoi ! Vous éclatez
En larmes, en sanglots !

LE COMTE

Tiens, lis.

ROBERT, après avoir lu.

                              Ah ! les infâmes !
Ils l'ont tué!

     Il se promène.
          Tué !
               Le deuil est dans vos âmes.
En moi, c'est le courroux, la rage et la fureur.

LE COMTE, avec lenteur.

Songes-y. De ce coup tu vois toute l'horreur.
Ne refroidit-il pas ton ardeur si récente ?
Le pas n'est point franchi. Tu peux...

ROBERT

Que j'y consente !

Revenir ! reculer !

LE COMTE

Mais ne penses-tu pas
Qu'un Mireval martyr et deux autres soldats
C'est assez pour payer notre dette à la France ?

ROBERT

C'est trop peu pour mon cœur, trop peu pour la vengeance.

Tristement.

— Mon père, vous croyez ce courage trompeur ?
Vous voulez que je reste ?

LE COMTE, l'attirant à lui et l'embrassant.

Enfant, j'en avais peur !
Non. Viens, viens avec nous. Là-bas, sa place est vide :
Remplis-la ! De souffrance et de labeur avide,
Offre pour le pays tes peines, ton effort,
Ta jeunesse, ton sang, — et s'il le faut ta mort !

Un silence.

JEAN

Qui sonne ?

JEAN-MARIE, à la fenêtre.

Eh ! ce Dormeuil !

ROBERT à Jean-Marie.

Je n'y suis pas.

LE COMTE

Arrête,
Jean-Marie.

ROBERT

Et pourquoi?

LE COMTE

J'en veux faire à ma tête.

ROBERT

Le recevoir!

LE COMTE, à Jean-Marie

Qu'il monte, — et ne lui dites rien.

Jean-Marie sort. Un silence.

DORMEUIL, en dehors,

S'est-il débarrassé de ses hôtes?

A Jean-Marie qui, du dehors, lui ouvre la porte.

Fort bien ;
Merci.

Il entre.

SCÈNE X

LE COMTE, JEAN, ROBERT, DORMEUIL

DORMEUIL

Robert ! Eh! mais... cet habit... Quels mystères ?

LE COMTE

Vous voyez mes deux fils, Monsieur.

ROBERT, résolûment.

Trois volontaires.

LE COMTE, montrant le journal.

Hier, leur frère aîné mourait en combattant.

Avec une colère sourde :

C'est ce que vous nommez l'égoïsme latent.

Il éclate.

Oui, Monsieur, je connais vos doctrines infâmes.
Vous n'êtes, sachez-le, qu'un empoisonneur d'âmes.
Vos cyniques discours...

Se calmant, avec dédain.

Ils sont assez flétris,
Car un homme de cœur leur jette son mépris.

DORMEUIL, se remettant ; à Robert, d'un ton méprisant.

Vous m'avez dénoncé ? (Robert se tait.)
J'entends votre silence.

LE COMTE, à Dormeuil.

Sachez... (Robert arrête son père.)

DORMEUIL, à Robert.

Vous approuvez cette âpre violence !

ROBERT

Oui.

DORMEUIL, toujours méprisant.

Quoi ! chez vous?

LE COMTE

Monsieur, je suis ici chez moi,
Et nul ne m'y fera la leçon ni la loi.
Mais pour vous mieux prouver que j'y commande en maître,
Vous allez en sortir pour n'y plus reparaître.

DORMEUIL, insolemment, en sortant.

D'un pareil corps de garde on sort avec plaisir !

LE COMTE

Plaisir ou non, sortez ! Ce n'est pas à choisir.

SCÈNE XI

LE COMTE, JEAN, ROBERT, JEAN-MARIE

JEAN-MARIE à Robert.

Une dépêche !

ROBERT

Ouvrons. Mon angoisse est extrême.

Il lit, Sautant au cou de son père, puis de Jean.

O mon père chéri ! Mon bon Jean, que je t'aime !

LE COMTE, qui a saisi le papier.

Il vit !

JEAN-MARIE

J'en étais sûr.

LE COMTE, lisant.

« J'apprends ma mort par journal. Crois nouvelle fausse. Ni mort ni même égratigné. Mon nom mis pour : Henry de Maureviez. Vive la France !

HENRI DE MIREVAL. »

Enfants, bénissons Dieu.

Long silence.

JEAN, à Jean-Marie.

Eh bien, Jean, il faudra demain nous dire adieu.

JEAN-MARIE

Vous partez?

JEAN

Oui, tous trois.

JEAN-MARIE

Et moi, vieux, on me laisse.
Ah ! s'ils voulaient de moi !

JEAN

Ton âge et ta faiblesse
Pourraient-ils supporter...?

JEAN-MARIE

Oui, c'est vrai, je suis vieux.
La main tremble parfois ; je n'ai plus de bons yeux,
Et mon coup de fusil ne vaudra pas le vôtre.

Simplement.

Mais je saurai pâtir et mourir comme un autre,

Les regardant avec tendresse.

Et quand vous serez las, ou le gîte encor loin,
Vous porter votre sac, (riant, à Jean)
et vous-même au besoin !

LE COMTE

Viens avec nous ! Partons.

JEAN

Et gaiement !

ROBERT

Et tous quatre.

JEAN

Trop jeunes ou trop vieux, tous nous saurons nous battre.

ROBERT

Moi, je fuis les blasés et leur rire moqueur.
Qu'ils gardent leur esprit ! — J'ai retrouvé mon cœur.

Jersey, novembre 1881.

9

NOTE 1

SCÈNE II

... Ils donnaient, à Patay.

Le 2 décembre.

NOTE 2

Démembré par la mort, il faut qu'il se reforme.

Sur 350 hommes, 207 restèrent sur le champ de bataille.

NOTE 3

Et l'on vient s'enrôler en foule.

Les volontaires se replièrent sur Poitiers, où ils firent de nombreuses recrues.

NOTE 4

SCÈNE V

... Si, dit-elle, plus tard.

Car tu seras soldat.

Trait cité par l'abbé A., *La Religion en Tunique.*

NUIT D'ORAGE

PERSONNAGES

Un Moine.

Un Voyageur.

PAUL, son fils (16 ans).

Dans une salle de l'abbaye de Saint-Aubin, près de Tréguier,
en 1813.

Cf. Louis Veuillot, Ça et Là, tome II, livre xIV, n° 5 : Le dernier
moine de Saint-Aubin.

L'émouvant récit de L. Veuillot n'est point une fiction : nous le sa-
vons par celui-là même qui lui en a fourni les données, et qui, dans
son enfance, a connu le moine survivant. Ce moine, religieux bénédictin, se nommait le P. Philippe Germans. — Du reste le récit du grand
écrivain n'a été pour nous que le germe d'une conception dramatique
assez différente.

NUIT D'ORAGE

UN ACTE EN VERS

UNE VASTE SALLE VOUTÉE, DIVISÉE EN DEUX NEFS PAR UNE RANGÉE DE COLONNES LÉGÈRES. — DERRIÈRE LA SALLE, RÈGNE UN LONG CORRIDOR. — AU PREMIER PLAN, A GAUCHE ET A DROITE, DEUX PORTES. — UNE GRANDE PORTE AU FOND, OUVRANT SUR LE CORRIDOR. — FENÊTRES A DROITE, SECOND ET TROISIÈME PLAN. — QUELQUES SIÈGES. — AU DEHORS, PLUIE, ÉCLAIRS ET TONNERRE.

SCÈNE I

PAUL, couvert d'un long manteau trempé de pluie.
(Au lever du rideau, la scène est vide. Paul ouvre la porte du fond
et regarde de tous côtés ; puis, parlant à la cantonade :)

Une salle déserte. — Entrez... qui vous arrête ?
Entrez !

SCÈNE II

LE VOYAGEUR, PAUL

PAUL

Laissons passer cette horrible tempête.

La nuit touche à son terme ; avec le jour naissant
Le calme...

LE VOYAGEUR, à part.

Et c'est ici que j'ai versé le sang !
Ici !

PAUL

Vous murmurez : vous m'en voulez, sans doute ?

LE VOYAGEUR

Oui.

PAUL

Pourquoi ?

LE VOYAGEUR

Nous devions poursuivre notre route.

PAUL

Mais de m'avoir cédé pourquoi vous repentir ?
Nous sommes bien ici !

LE VOYAGEUR, agité.

Non, viens. Je veux sortir.

PAUL

Enfin, d'où naît l'horreur que ce lieu vous inspire ?

LE VOYAGEUR, à part.

C'est vrai. Que ma raison ressaisisse l'empire.
Dominons ces terreurs par où je me trahis.

PAUL, grondant affectueusement.

Vraiment, depuis trois jours, depuis qu'en ce pays,
Dans ce coin reculé de la terre bretonne
Nous chevauchons tous deux, tout en vous, tout m'étonne.
Quoi! Sans perdre un moment dévorer le chemin;
Aux amis d'autrefois ne pas serrer la main...

LE VOYAGEUR, tressaillant.

Aux amis!

PAUL

Ce canton a vu votre jeunesse.
N'en est-il plus aucun déjà qui vous connaisse?
Ce soir, de Lannion qui nous chassait ainsi?
Je vous montrais en vain tout le ciel obscurci
Par des nuages noirs aux flancs chargés d'orage.
« A cheval! » — Vous voulez hâter notre voyage.
J'obéis, nous partons, nous marchons dans la nuit,
Pareils au criminel qui tremble et qu'on poursuit;
Dans un pays perdu surpris par la tempête,
La foudre à coups pressés gronde sur notre tête :
N'importe! Il faut courir, voler! Nous fendons l'air;
Nos chevaux effrayés galopent sous l'éclair;
Et, quand à sa lueur déchirant la nuit sombre
Je vois ce vieux couvent se profiler dans l'ombre,

Sans doute à cet abri vous marchez tout d'abord ?
— Non : je dois batailler pour vous conduire au port !
Certes, vous méritez que votre fils vous gronde.

LE VOYAGEUR, tristement.

Je l'avoue.

PAUL, avec entrain.

Admirez ma sagesse profonde !
Dès le premier coup d'œil j'avais tout deviné.
J'ai dit : « C'est un couvent désert, abandonné. »
En effet, nous entrons dans ce lieu solitaire,
Et nous voilà tous deux seigneurs du monastère.

(A part, et après avoir observé son père.)

Qu'il est triste, mon Dieu ! comment donc l'égayer ?

Haut.

Mon père... à moi tout seul il faut donc babiller ?

Un temps.

Vous êtes las, bien las !

LE VOYAGEUR

                    J'entends sous cette voûte
Un murmure confus... Des voix !

PAUL

                    Des voix ?

LE VOYAGEUR

Écoute.

PAUL, après un silence.

Dans les longs corridors c'est le vent qui gémit.

Un temps. — A part.

Son visage est plus pâle et sa lèvre frémit...
Mais aussi j'oubliais!

Il enlève à son père le manteau mouillé que celui-ci a gardé.

Ce manteau qui vous glace
Otons-le vite! — Bien.

(Allant le poser sur une chaise dans un coin.)

Qu'il sèche à cette place.

LE VOYAGEUR, à mi-voix.

O cher, ô doux enfant !

PAUL, affectueux et gai.

Il ne vous en dit rien,
Votre Paul, et pourtant son cœur vous aime bien.
— Pourquoi retirez-vous la main que je veux prendre ?...
— Regardez-moi du moins.

(Le père fait effort pour le regarder, puis baisse soudain les yeux.)

Je ne puis vous comprendre !

LE VOYAGEUR, avec peine.

Assez, Paul.

PAUL

    Et pourtant vous m'aimez ; je le crois,
Je le sais. Dans vos yeux je l'ai lu bien des fois.
Ils me suivaient de loin, tout remplis de tendresse.
Je m'approchais : — hélas! ni baiser ni caresse.
Sur vos traits assombris l'amour s'était glacé,

    Avec un sanglot étouffé.

Et jamais dans vos bras vous ne m'avez pressé.

LE VOYAGEUR

Que te répondre, enfant! Je suis triste, bizarre...

    Avec agitation.

A sonder mes chagrins ton jeune esprit s'égare...
Mais tu dédaignerais une folle rumeur,
N'est-ce pas?...

    Se dominant.

    Ce n'est rien, rien qu'une étrange humeur.

PAUL, à part.

Quels discours!

LE VOYAGEUR

    Tu dis bien ; oui, mon enfant, je t'aime.

PAUL

Le savoir me suffit ; c'est là mon bien suprême.

    Un silence.

LE VOYAGEUR

Dieu ! L'orage apaisé ranime sa fureur.
Quel bruit !

PAUL, à une fenêtre.

O beauté sombre ! O magnifique horreur !
A chaque grondement, les vitraux retentissent.

LE VOYAGEUR

Tout le ciel est de flamme.

PAUL

Et tous les vents mugissent.

LE VOYAGEUR

Coup terrible !

PAUL

Il commence... éclate brusquement...
Puis se prolonge... et meurt dans un sourd roulement.
— L'éclair croisant l'éclair le heurte comme un glaive...
On dirait par instants que l'aurore se lève.

LE VOYAGEUR, qui a quitté la fenêtre et s'est promené dans la salle.

Paul ! — Qu'ai-je vu !

PAUL

Mon père?

LE VOYAGEUR, montrant du doigt le sol, vers la gauche second plan.

Une tombe ! Des morts !

PAUL

Des morts !

LE VOYAGEUR

Viens, viens, partons !

PAUL

Et pourquoi ces transports ?
Restons ; examinons ces pierres funéraires.
Ceux qui dorment ici sont des chrétiens, des frères.

Lisant péniblement l'inscription (1).

ICI. REPOSENT.
EN. ATTENDANT. LA. RÉSURRECTION.
LES. CORPS. DE. XII. RELIGIEUX. MASSACRÉS.
DANS. CETTE. SALLE, MÊME. LE. XXᵐᵉ. JOUR. DE.
FÉVRIER. MDCCLXXXXVI.

LE VOYAGEUR

Ici !

PAUL

Prendre l'éclair pour sinistre flambeau,
Et déchiffrer ainsi les lettres d'un tombeau,
Quelle scène !

(Il reste pensif, examinant les pierres tombales.)

LE VOYAGEUR, au premier plan, à part.

            Ils sont là ! Mes pieds foulent leur cendre !
Ah ! sortons ! — (Regardant son fils.)
            Malheureux ! S'il allait tout comprendre !
Je l'ai bien vu ; déjà le soupçon l'envahit.
Mon trouble intérieur malgré moi se trahit.
Et que faire ?

PAUL.

            O martyrs, troupe héroïque et sainte !
— Quel sûr et doux abri nous offre cette enceinte !
Près de tels protecteurs, il n'est point de danger.
Ils nous gardent.

LE VOYAGEUR

            O ciel ! ces morts nous protéger !
Eux !

PAUL

            Vivants, leur demeure était hospitalière.
Morts, ont-ils abjuré leur vertu familière ?
Non certes : leurs regards nous contemplent tous deux...

LE VOYAGEUR, agité.

Ils nous verraient ?

PAUL

            Sans doute ! — avec étonnement :
                        Et que craignez-vous d'eux ?

LE VOYAGEUR

Rien, rien, mon fils. — *Un temps.*
> L'orage est apaisé, ce semble.

PAUL

Apaisé ! Regardez ; écoutez. Le sol tremble.

LE VOYAGEUR

Ah ! — *à part :*
> Comment l'écarter ? Lui cacher mon effroi?...

Haut :

Tu parais fatigué, Paul.

PAUL

> Mon père...

LE VOYAGEUR

> Crois-moi,

Mon enfant. — La tempête en ces murs nous enchaîne.
Cherchons pour y dormir quelque chambre prochaine,
Quelque lit oublié dans le fond d'un réduit.

PAUL

Mais...

LE VOYAGEUR, *allant à la petite porte à droite premier plan.*

> Voyons en quel lieu cette porte conduit.

Ouvre.

Paul obéit et disparaît un moment.

PAUL, hors de la scène.

Un étroit couloir... puis une porte encore...
Une chambre... (Il revient.)

LE VOYAGEUR

A merveille. Ici jusqu'à l'aurore
Tu vas dormir.

PAUL

Et vous ?

LE VOYAGEUR

Je voudrais le pouvoir.

PAUL, en sortant, à part.

Oh ! quel affreux secret il me semble entrevoir.

Tous deux disparaissent un instant. Le voyageur revient.

SCÈNE III

LE VOYAGEUR

Double porte entre nous. Il ne saurait m'entendre...
Le sommeil à seize ans ne se fait pas attendre.
Goûtes-en la douceur : ton cœur est innocent.
Dors paisible : tes mains n'ont pas versé le sang.
— Mais tu veilles peut-être, et ton âme oppressée
S'épuise à rejeter une sombre pensée.

Ce doute dévorant s'est glissé dans ton sein :
Le père que j'aimais n'est-il qu'un assassin?

Avec angoisse et transport.

Le sais-tu ? Le sais-tu ?... Peut-être !... Je frissonne.
Horreur ! Ah ! s'il est vrai, si mon fils me soupçonne,
Dieu, pour me châtier, n'invente point d'enfer !
Mon enfer, le voilà ! Que cet enfant si cher
Rougisse à mon seul nom, m'abhorre, me méprise,
Voilà le coup vengeur qui m'abat, qui me brise.

Une pause. — Regardant la pierre tombale.

Moi, je l'ai mérité, cet excès de douleurs.
Mais il est innocent, lui ! Songez à ses pleurs,
O morts ; entendez-moi !
                  — J'oserais y prétendre !
Ah ! je dois souhaiter qu'ils ne puissent m'entendre !

Avec une agitation croissante :

Si ma voix les tirait de leur profond sommeil !
S'ils allaient se lever du tombeau !... Quel réveil !
Pâles, muets, leur doigt me marquerait la trace
Des coups dont j'accablai leurs corps à cette place...
Car nous étions ici... nos armes à la main,
En bandits apostés au détour d'un chemin.
Chaque moine, — la tâche était facile et sûre !
Devait auprès du seuil recevoir sa blessure...
Nous attendions, riant dans notre espoir hideux.
Du fond du cloître enfin, les moines, deux par deux,
S'avancent lentement... Funèbre tragédie !
Nous entendons de loin leur grave psalmodie :

Miserere mei, Deus... « Prêtres maudits, »
Répond l'un d'entre nous, « chantez *De profundis!*

[Mélodrame, *ad libitum.*]

A ce moment, on entend une voix derrière la scène. Elle vient de
la gauche et se rapproche lentement, très faible et très lointaine
d'abord.

LA VOIX, psalmodiant.

*Miserere mei, Deus**, *secundum magnam misericordiam
tuam.*

LE VOYAGEUR

Qu'ai-je entendu, grand Dieu !

LA VOIX

*Amplius lava me ab iniquitate mea** *et a peccato meo
munda me.*

LE VOYAGEUR

Cette voix !... Est-ce un rêve ?
Un cauchemar sanglant ?

LA VOIX

*Ecce enim in iniquitatibus conceptus sum** *et in peccatis
concepit me mater mea.*

LE VOYAGEUR

Elle grandit... s'élève,
Se rapproche ! — Mais non. Plus rien. C'est une erreur,
Un fantôme créé par ma seule terreur.

LA VOIX

Ne projicias me a facie tuâ et spiritum sanctum tuum ne auferas a me.*

LE VOYAGEUR

Encore ! Oh ! ma raison !... Oui, ma raison m'échappe !
La démence... ! Oh ! quel coup !... C'est Dieu, Dieu qui
                                   [me frappe.

Appelant.

Paul !
       Non. Que dirait-il en me voyant ainsi ?

LA VOIX

Sacrificium Deo spiritus contribulatus...

LE VOYAGEUR

Ils sont tout près ! Où fuir ? Où me cacher ?

Ouvrant la porte à gauche, premier plan.

                                        Ici !

Le moine entre par le fond, une lampe dans la main droite, la main gauche sur la poitrine.

SCÈNE IV
LE MOINE

LE MOINE, en entrant.

... Tunc imponent super altare tuum vitulos.

LE VOYAGEUR, avançant un peu la tête :

Un seul !

(Il disparaît.)

LE MOINE dépose sa lampe, et s'agenouille sur la pierre tombale.

[Mélodrame à l'orchestre.]

A chaque aurore il vous revient fidèle ;
　　Par son amour le voici ramené,
Ce frère malheureux qu'une pitié cruelle
A séparé de vous, ô troupe fraternelle ;
Trouvé trop jeune, hélas, pour la palme éternelle
Et par vos meurtriers à vivre condamné !

Parfois, — aujourd'hui même, — auprès du monastère
　　　Un étranger porte ses pas.
Il s'étonne. Pour lui ma vie est un mystère.
« A quoi bon dans ce lieu ma solitude austère ? »
— Je souris, je me tais. — Il ne comprendrait pas.

Vous le comprenez, vous, morts chéris, vous, mes frères.
Qui m'enchaîne en ce lieu ? C'est la main qui scella
Sur vos restes bénis ces dalles funéraires.
Et pourrais-je en partir quand tout mon cœur est là ?

(Debout, mais toujours regardant les tombes.)

Dix-sept ans ! Dix-sept ans depuis la nuit sacrée
Où vous tombiez sanglants sous des coups furieux.
Mais si Dieu l'accepta, votre offrande ignorée
N'a plus même un regard de ce monde oublieux.

Fier de vivre, hardi jusques à l'insolence
      Tandis que le siècle s'élance
Et dans les temps nouveaux se jette en insensé,
      Moi du moins je reste en silence
Le gardien du tombeau, le témoin du passé...

Ils ont nommé ma vie une mort volontaire !
Ceux-là ne savent pas que notre monastère
Plein de vous pour mon cœur, s'il est vide à mes yeux,
Ne m'est point un désert morne et silencieux ;
Que je vous entretiens dans la nuit solitaire,
Que le voile est léger qui dérobe à la terre
      Ceux dont l'âme est aux cieux !

Ceux-là ne savent pas, tombe doublement chère,
Que les liens du sang et les nœuds de la foi
      S'enlacent pour m'unir à toi ;
Que là, dans ce tombeau, j'ai déposé mon père,
Soldat, moine, et martyr de Jésus-Christ, son Roi.

Ah ! voilà mon orgueil, ma joie... et ma torture !
Douceur et saint orgueil quand je songe aux héros ;
Mais souffrance et combat pour dompter la nature
Qui s'irrite et bondit en songeant aux bourreaux.

L'enfer me souffle au cœur des révoltes brûlantes ;
Il y réveille un feu bien souvent étouffé,
Et vous les connaissez, ces luttes accablantes
Où par vous, par vous seuls, la grâce a triomphé.

Je les ressens encor, ces ardeurs mal éteintes.
Une race guerrière en mon sein frémissant
A mis l'âpre vigueur qui coulait dans son sang.
— Mon père, ayez pitié !

A genoux.

Répondez à mes plaintes.
Voyez mon front toucher ces dalles saintes.
Apaisez, apaisez l'orage renaissant !...

Je lisais cette nuit les vers du Roi-Prophète
Contre ses ennemis invoquant la défaite,
Et le deuil, et la mort, et le chagrin rongeur :
J'écoutais ces accents, d'une âme satisfaite,
Et je me surprenais, songeur,
A trouver, ô Jésus, votre loi trop parfaite,
Trop doux l'Agneau divin auprès du Dieu vengeur !

Contre les meurtriers nul souhait de colère
Sur mes lèvres, mon Dieu, n'est venu se poser,
Mais je sais que tout crime a bientôt son salaire,
Que sur eux et leurs fils vos fureurs vont peser,
Qu'en priant je pourrais fléchir votre justice,
Que vous me demandez cet effort généreux...
Je ne puis! je ne puis ! O combat douloureux !...
Est-ce à moi d'empêcher qu'elle s'appesantisse
Sur leur race maudite...?

[Fin du mélodrame.]

SCÈNE V

LE MOINE, LE VOYAGEUR

LE VOYAGEUR, entrant brusquement en scène ; avec exaltation.

> Oh ! si ; priez pour eux !

LE MOINE

Un homme ici ! qui donc... ?

LE VOYAGEUR, troublé.

> Surpris par la tempête,
J'ai cherché... J'ignorais que dans cette retraite...

LE MOINE

Je comprends. Mais pourquoi m'épier ? Mais pourquoi,
Troublé par mes discours, vous élancer vers moi ?

Un temps.

Ciel ! En quatre-vingt-seize il était là peut-être !

LE VOYAGEUR

Et comment... ?

LE MOINE, après l'avoir observé.

> J'aurais dû plus tôt vous reconnaître.

— Vous étiez là, vous dis-je ! — Est-il un meurtrier
Dont je ne garde encore (et comment oublier ?)
Le visage, les traits, l'image impérissable ?
Sur vous je vois du sang la tache ineffaçable.

LE VOYAGEUR, à mi-voix.

Que répondre ?

LE MOINE, sévère, mais sans violence.

Eh bien donc, passez votre chemin.
Sortez.

LE VOYAGEUR

Entendez-moi. (Il veut toucher la main du moine.)

LE MOINE

Ne touchez pas ma main.

LE VOYAGEUR

Par grâce, entendez-moi.

LE MOINE

Qu'avez-vous à me dire ?

LE VOYAGEUR

Que, s'il vous plaît ainsi, vous pouvez me maudire,
Appeler sur mon front le céleste courroux,
Pourvu qu'à mon enfant il épargne ses coups.
Il est pur, lui ! Que Dieu lui garde un sort prospère !

LE MOINE, frémissant, mais se contenant avec énergie.

Étais-je criminel quand on m'a pris mon père ?
Et lui, qu'avait-il fait ? Et ces hommes de Dieu,
Dites, qu'avaient-ils fait pour périr en ce lieu ?
Quoi ! s'épuiser pour vous en veilles, en prières,
Était-ce mériter vos haines meurtrières ?...
Qui la fit naître en vous, cette aveugle fureur ?
Parlez.

LE VOYAGEUR

    Qui ? Des leçons de sophisme et d'erreur,
Poison dont s'abreuva ma jeunesse imprudente.
Qui ? De vils imposteurs, dont la parole ardente
Peignait le fanatisme et nous frappait d'effroi,
Et sous ce nom maudit enveloppait la foi...
Ainsi je l'oubliai, la foi de mon enfance.
Mon esprit désarmé se livrait sans défense,
Crédule, confiant, prenant pour vérité
Tout mot sonore et creux qui l'avait exalté.

— Dans la nuit où ma main d'un sang pur s'est rougie,
(Horrible souvenir !) nous sortions d'une orgie.
De la sombre chaleur qu'allume un vin fumeux
Mes amis s'enivraient; — moi, je faisais comme eux.
Bruyamment, nous parlions de l'Église, des prêtres.
Un convive, debout, s'écria : « Mort aux traîtres !
A nous de frapper ceux qui dorment près d'ici ! »
... Et l'on vint au couvent. — Hélas ! J'y vins aussi.

J'hésitais. Je sentais à travers mon ivresse
Cette angoisse d'un cœur que le remords oppresse.
On me raillait... Alors, je frappai, frémissant.
Soudain, une autre ivresse, une ivresse de sang,
Étourdit ma raison égarée, amoindrie,
Et le remords éteint fit place à la furie. —
Mais quand se dissipa cette lourde vapeur,
Quand enfin ma raison secoua sa torpeur,
Ce réveil douloureux où m'apparut mon crime,
Il n'est point de discours, point de mot qui l'exprime.

LE MOINE, après un silence, à voix contenue.

Vous palliez vos torts !... Et pourtant... ce vieillard
Qui sur les meurtriers levait son doux regard
Sans que rien en troublât le calme inaltérable,
Vous me l'avez tué !... mon père !...

(Il s'éloigne vers le fond.)

LE VOYAGEUR, la tête dans ses mains.

Ah ! misérable !

— Pitié !

Paul entre par la droite.

SCÈNE VI

PAUL, LE VOYAGEUR, LE MOINE, au fond.

PAUL, à son père.

Quand vous voudrez... l'orage est apaisé

Apercevant le Moine.

Mais quoi !

LE MOINE, au voyageur.

Votre fils ?

LE VOYAGEUR

Oui...

PAUL, au moine.

Je m'étais abusé...

LE MOINE, interrompant, sans amertume.

Découvrir un vivant dans cette solitude
Vous surprend ? Il est vrai : l'enfer mit son étude
A la peupler de morts.

PAUL

Et quand le sang coula
Vous seul... ?

LE MOINE

Seul, je survis. — Tous les autres sont là.
Là mon père est couché.

PAUL

Sombre et lugubre histoire.

Après une longue pause.

Vous en avez gardé la fidèle mémoire ?
De chaque meurtrier vous connaissez le nom ?

LE VOYAGEUR, à part.

Hélas !

PAUL

Racontez-nous...

LE MOINE, tressaillant.

Moi ! vous dire !... Ici !... — Non.

PAUL

Est-ce donc un mystère, et ne peut-on connaître ?...

LE MOINE

Ah ! ne souhaitez pas que votre œil le pénètre.

PAUL, à part.

Dieu !

Haut, après un silence,

J'étais indiscret à vouloir ces récits...
Mais j'ai cru vos chagrins par le temps adoucis

LE MOINE

Pour moi, le temps n'est rien. — Eh quoi ! je vous étonne ?
— C'est un fleuve endormi qui passe monotone ;
Il m'emporte sans bruit ; je ne sens pas son cours...
Et le meurtre est d'hier, et je le vois toujours.

PAUL

Je respecte ce deuil...

Il regarde son père et le moine; puis, brusquement et résolument :

Mais non ! que sert de feindre ?
Mon père, plus longtemps à quoi bon vous contraindre ?
J'entrevois le secret que l'on veut me cacher.

LE VOYAGEUR

Paul, mon fils, qu'as-tu dit ?

PAUL

C'était pour l'arracher
Que j'osais demander ce récit tout à l'heure.

LE VOYAGEUR, hors de lui.

Assez !

PAUL, avec une tendresse suppliante.

Avouez tout. — La franchise est meilleure.

LE VOYAGEUR

O Dieu !

PAUL

Rompez, de grâce, un silence étouffant ;
Parlez ! — Ne suis-je pas votre Paul, votre enfant ?

LE VOYAGEUR, après un long silence, très bas.

Paul... tu me crois coupable... assassin ?

PAUL, indigné.

Vous, coupable !

LE VOYAGEUR

Non ?

PAUL

Non certe.

LE VOYAGEUR

Alors ?

PAUL

Vous ! Vous, d'un crime capable ?

LE VOYAGEUR, à part.

Torture !

LE MOINE, à Paul.

Et le secret qui fait votre souci,
Comment l'entendez-vous ?

LE VOYAGEUR

Oui, parle !

PAUL

Le voici.
Quelqu'un des meurtriers, — du moins je le soupçonne,
Était de notre sang, de notre nom...

LE VOYAGEUR, agité.

Personne !

PAUL, poursuivant.

... Vóus, si bon, vous souffrez de cette cruauté,
Vous, si fier, vous souffrez de cette lâcheté ;
Et vous avez juré d'étouffer dans votre âme
Dût-il vous dévorer, ce souvenir infâme.
En détourner mes yeux est pour vous une loi.
Mais j'ai tout deviné...

LE VOYAGEUR

Tu me brises ! Tais-toi,
Tais-toi !

PAUL, au Moine.

Dites-lui donc qu'il n'est pas raisonnable !
Un tel excès d'honneur n'est-il pas condamnable ?

A son père.

Quoi ! Le crime d'un proche a-t-il pu vous flétrir ?
Lui-même du remords pourrait-il plus souffrir ? —
Il est de votre nom et son sang est le vôtre ! —
Que peut sur votre honneur la souillure d'un autre ?

LE VOYAGEUR, impatienté.

Et de qui ?

PAUL

Je ne sais. Mais il existe. Eh bien,
Avouez-le, mon père, et ne me cachez rien.
Votre douleur fuira, du silence affranchie.
La paix viendra calmer votre âme rafraîchie.

Très tendrement.

Je vous consolerai. Vous comprendrez comment
Un scrupule farouche a fait votre tourment.
Mais parlez ! — Il se tait !

Au Moine.

Eh bien, parlez vous-même,
Saint moine. Par pitié pour ce père que j'aime,
Pour son bien... — Voulez-vous ?

LE MOINE, le regardant avec une expression indécise ; — énergique
et presque violent.

Ne m'interrogez pas.

PAUL

Pourquoi ?

LE VOYAGEUR, résolument.

Dans ce chemin c'est égarer tes pas.

PAUL

Mon père !

LE VOYAGEUR

Finissons. D'un seul mot je t'arrête.
Nul des miens, — et je puis le jurer sur ta tête,
Nul des miens n'a pris part à cet acte maudit.

PAUL

C'est vrai ?

— Après un silence, avec terreur :

Mais alors !... Dieu !

LE VOYAGEUR

Tu parais interdit ?

A part.

Je me perds !

Haut, avec violence.

Tiens, va-t-en !

(Paul s'éloigne en pleurant.)

LE VOYAGEUR, *avec douceur.*

Nous partons tout à l'heure.
Prépare nos chevaux.

(Paul sort.)

SCÈNE VII

LE MOINE, LE VOYAGEUR

LE VOYAGEUR

Ah ! pauvre enfant ! Il pleure...
... Il fallait l'éloigner. Je devais prévenir...

LE MOINE, *éclatant soudainement, et comme se parlant à lui-même.*

Oh ! quel rude combat je viens de soutenir !...
— Votre âme, par l'effroi, par l'angoisse pressée
Excitait ma pitié. — Mais une autre pensée
Tout au fond de mon cœur s'agitait sourdement.
Je voyais votre Paul respectueux, aimant ;

Dans son culte de fils, sa candide nature
Ne pouvant concevoir en vous la flétrissure.

LE VOYAGEUR

Pauvre enfant !

LE MOINE

> Et tout bas, dans mon sein, une voix,
Une voix murmurait : Cet homme, tu le vois ?
Il t'a pris le trésor dont le regret t'obsède ;
Il t'a ravi ton père, et — regarde ! — il possède
Un fils plein de respect, plein d'un amour ardent.
Est-ce juste ? — Et pourquoi, si ce jeune imprudent
Du crime paternel veut sonder le mystère,
Pourquoi, pris de pitié, le voiler et le taire ?
— Ainsi parlait Satan.

> Avec un demi-sourire.

> Mais Dieu veillait sur nous.

LE VOYAGEUR, ironique et amer.

L'enfer de mon bonheur vous eût voulu jaloux ?

LE MOINE

Je vous ai vu souffrir.

LE VOYAGEUR

> Mais vous croyez peut-être
Qu'après ce dur instant la paix va reparaître ?

LE MOINE, grave et doux.

Je l'espère.

LE VOYAGEUR

Non, non. Mon fils est le tourment,
Le supplice, l'effroi de tous mes jours.

LE MOINE

Comment ?

LE VOYAGEUR

Ah! comment! — C'est d'abord sa naïve innocence.
Elle a pour me punir une étrange puissance.
Quand sur son front je vois rayonner la candeur,
D'une âme vierge encore humble et douce splendeur,
Je me sens vil, flétri, l'horreur de la nature.
Honte de moi, mépris, dégoût, c'est ma torture !...
— Son regard !... Avez-vous remarqué son regard ?

LE MOINE

Il est suave et pur.

LE VOYAGEUR

Mais l'acier d'un poignard
Entrerait dans mon cœur moins tranchant, moins rapide
Que la calme douceur de ce regard limpide.
Je n'en puis soutenir l'éclat mystérieux.
Je rougis, je tressaille et je baisse les yeux.

LE MOINE

Je vous plains.

LE VOYAGEUR

                Savez-vous que je me sens immonde
Et pareil au lépreux, ce vil rebut du monde ?
Savez-vous, quand je veux embrasser mon enfant,
Quelle étrange terreur soudain me le défend ?
Mes bras, qui l'appelaient, se ferment ; il me semble
Qu'il y pourrait puiser mon mal impur ; je tremble,
Je m'enfuis.

LE MOINE

Malheureux ! — Pour vous j'étais cruel !

LE VOYAGEUR

Oui, je suis malheureux, si je fus criminel.
Mais parmi les douleurs dont je subis l'étreinte,
La plus poignante angoisse est encore la crainte.

LE MOINE

Expliquez-vous.

LE VOYAGEUR

                La peur de voir s'éteindre un jour
Dans l'âme de mon fils le respect et l'amour.
O Dieu ! quand il saura mon forfait et ma honte !...

LE MOINE

Jamais!

LE VOYAGEUR

Il l'apprendra. Je le pressens, j'y compte.
— Pour retarder ce jour, que n'ai-je pas tenté ?
Connu dans ce pays, j'ai fui, je l'ai quitté.
Et mon fils ! Je le garde, autour de lui je veille
Pour que nul mot fatal n'arrive à son oreille...
Oh ! le rude bourreau que l'amour anxieux !...

— Naguère, il m'a fallu revenir en ces lieux.
Dans ce triste canton un devoir me ramène.
Que faire de l'enfant ? Le laisser dans le Maine ?
Je l'aurais dû. — Mais non, je l'ai pris avec moi.

LE MOINE

D'où vient...?

LE VOYAGEUR

J'étais saisi d'un ridicule effroi.
Que sais-je ? Il me semblait que, durant mon absence,
On viendrait du secret troubler son innocence,
Et lui souffler tout bas le mot, le mot vengeur.

Après un silence, avec explosion.

Le voilà, le tourment implacable et rongeur.
Il dévore mon sein ; j'en meurs.

LE MOINE

Angoisse étrange !

LE VOYAGEUR, sombre.

Dieu frappe. Et c'est en Dieu, c'est en Dieu qu'il se venge !

LE MOINE, affectueux.

Vous souffrez...

LE VOYAGEUR

Si je souffre ! O cruels brisements !

LE MOINE

Mais les acceptez-vous comme des châtiments ?
Parlez.

LE VOYAGEUR, sourdement.

Le ciel est juste. Il me brise, il m'accable.
Sous l'épreuve je sais courber mon front coupable.

LE MOINE

Mon frère, — ce Dieu juste est aussi le Dieu bon :
Avez-vous de son cœur imploré le pardon ?

LE VOYAGEUR

Le pardon ?

LE MOINE

En chrétien, au tribunal du prêtre ?

LE VOYAGEUR

Moi !

LE MOINE

Vous croyez ?

LE VOYAGEUR

Je crois. Mais lui faire connaître...
Lui livrer mon secret...!

LE MOINE

Enfermé dans son sein
Le secret...

LE VOYAGEUR

Mais ce mot : « Je suis... un assassin ! »
Le dire !

LE MOINE

C'est le ciel.

LE VOYAGEUR

Mieux vaut n'y pas prétendre.

LE MOINE, après une hésitation.

Il est un prêtre au moins qui de vous peut l'entendre
Et qui, l'aveu livré, ne saura rien de plus.
Pour lui tout révéler vos discours superflus...

LE VOYAGEUR

Et ce prêtre ?

LE MOINE

C'est moi.

LE VOYAGEUR recule d'un pas, le regarde avec stupeur ; puis se
met à pleurer et, tombant à genoux :

Le fils de la victime
Bénir le meurtrier, l'absoudre de son crime !
Ah ! cet acte suffit à réveiller ma foi,
A dompter mon orgueil. — Que voulez-vous de moi ?
Commandez ; j'obéis.

LE MOINE

Sans tarder davantage
Je veux du ciel perdu vous rendre l'héritage.
Venez.

LE VOYAGEUR, à genoux sur la tombe.

Chacun de vous est un saint, un martyr :
O morts, brisez mon cœur d'un divin repentir.

LE MOINE

Pour moi, dans mes discours j'étais dur et barbare :
Instrument du pardon, que ma voix les répare.
O morts, bénissez-moi.
— Venez.

LE VOYAGEUR

Un mot d'abord,
Si mon fils apprend tout...

LE MOINE

Mon frère, soyez fort.

Dès maintenant, si Dieu vous veut cette souffrance,
Accéptez.

LE VOYAGEUR regarde la tombe, puis avec résolution :

Oui, j'accepte.

LE MOINE, affectueusement.

Ayez bonne espérance :
Il ne la voudra pas.

Ils vont pour sortir. Paul paraît au fond.

SCÈNE VIII
LE MOINE, LE VOYAGEUR, PAUL

LE VOYAGEUR

Attends-nous un moment,
Paul.

(Il sort avec le moine.)

SCÈNE IX
PAUL

Après un long silence ; avec explosion :

J'ai compris ! Je sais !... Pauvre cœur trop aimant!
En vain je me débats : l'évidence implacable
A mes yeux effrayés s'impose ; — et les accable !

Un temps.

Je suis avec terreur son éclat grandissant...
Voir mon père flétri ; voir dans ses mains du sang !...
Oh ! je voudrais douter ! — Mais lui-même il l'atteste :
« Nul des miens n'était là dans cette nuit funeste. »
Pourquoi donc se troubler ? Pourquoi donc, éperdu,
Frissonnant... Ah ! pourquoi ? — Je me suis répondu !

Très bas.

C'est lui-même. — Mon Dieu, je ne veux pas comprendre !
... A la raison qui parle il faut pourtant se rendre.

Un silence. — Tout à coup :

Puis... oh ! quel souvenir en moi surgit soudain !
Oui... j'étais tout enfant ;... je jouais au jardin,
Un homme — l'ennemi juré de la famille, —
Un homme passe, arrive auprès de la charmille,
Et me dit... — mot terrible ! Ai-je pu l'oublier ?
Il me dit : « Sais-tu bien qu'un jour, sans sourciller,
Ton père de sa main poignarda la soutane ?. »
— Et je le vois encor qui fuit, et qui ricane.
... Je ne comprenais pas... Tout se dévoile ici.
Tout s'accorde, tout parle, et je suis éclairci.

— O ma belle jeunesse ! ô fleur sitôt fanée !...
A d'intimes douleurs ma vie est condamnée ;
En silence elles vont la flétrir désormais.

Que mon père du moins ne le sache jamais.
Ce poison le tuerait : malgré son amertume,
Qu'il reste dans mon sein, le ronge et le consume.

Apercevant son père.

Il revient.

    — L'allégresse éclate dans ses yeux !
Pourtant, il a pleuré...

SCÈNE X

PAUL, LE VOYAGEUR, LE MOINE

PAUL

       Que vous semblez joyeux,
Mon père !

LE VOYAGEUR

    Dieu, mon fils, est bien bon... et sur terre
(En regardant le moine)
Il met de bien bons cœurs. Oh ! oui.

      PAUL, à mi-voix.

        Nouveau mystère.

    LE MOINE, aimablement, à Paul.

Ne l'en croyez pas trop.

      PAUL

    Lui !

     LE MOINE

       Si bon que je sois,
Je l'ai grondé.

PAUL

Vraiment ?

LE MOINE, souriant.

Vous aimeriez parfois -
Dans les bras paternels...

PAUL

Vous savez ?

LE MOINE, regardant le voyageur.

On refuse,
Et c'est mal, c'est très mal.

Au père, en grondant doucement.

— Vous êtes sans excuse.
Ces torts envers un fils, il faut les effacer.
Vous allez sur-le-champ devant moi l'embrasser.
Pour expier la faute, on en fait pénitence !

A tous deux.

Allons, exécutez cette rude sentence.

LE VOYAGEUR

Tu le veux bien, mon fils, et rien en ce moment
Rien ne te rend pénible un tel embrassement ?

PAUL

Pénible, ô Dieu !

LE MOINE, bas au voyageur.

Voyez ! — Bannissez toute crainte,
Il ne sait rien.

PAUL, embrassant son père.

Mon père !

LE VOYAGEUR

O joie ! ô douce étreinte !

Un temps. — Au moine :

Je vous dois ce bonheur : puis-je assez vous bénir ?
Je vous dois tout ! — Du moins, je sais me souvenir.
Je voudrais vous parler de ma reconnaissance ;
Mais rester plus longtemps n'est pas en ma puissance.
Il faut partir.

LE MOINE

Déjà vous éloigner d'ici ?

LE VOYAGEUR

Il le faut.

LE MOINE

Mais d'abord, votre main ?

LE VOYAGEUR, hésitant.

Vous !

Puis il la prend, l'étreint, et, très ému :

Merci ! —

Je n'oublierai jamais Saint-Aubin ni son hôte.

Il sort par le fond. — Paul le suit. — Sur le seuil, il se ravise et revient.

SCÈNE XI

PAUL, LE MOINE

PAUL, à mi-voix.

Mon père... je sais tout.

LE MOINE, à part.

Dieu !

PAUL, très bas.

Je connais... sa faute.

LE MOINE, à part.

Pauvre enfant ! pauvre enfant !

PAUL

Unissons nos douleurs
Mon père. Voulez-vous ? Nous confondrons nos pleurs.
Un pacte saint liera pour expier le crime,

En baissant la tête.

Le fils du meurtrier au fils de la victime.
— D'un pénible devoir Dieu m'impose la loi :

11.

(Il s'agenouille.)

Pour me fortifier, prêtre, bénissez-moi.

Le moine le bénit en silence. — Paul se relève et sort.

LE MOINE

Adieu.

PAUL

Non, au revoir... dans le ciel.

SCÈNE XII

LE MOINE

                              Ame pure !
C'est là ton vrai séjour, ô douce créature !

(Mélodrame jusqu'à la fin.)

Ils vont partir... Je demeure au saint lieu...
La grâce avec douceur pénètre dans mon âme.
La céleste rosée éteint l'ardente flamme.
    Voici qu'en moi descend la paix de Dieu.

(Il regarde à la fenêtre. Le jour s'est levé depuis quelque temps.)

Dans mon sein tourmenté comme dans la nature
    . C'était le trouble, et l'orage, et la nuit ;
Et mon cœur déchiré saignait de sa blessure,
    Et la colère y grondait à grand bruit.

Sombre combat, lutte accablante !
Que son dernier assaut fut douloureux, mon Dieu !
Le coupable à genoux préludait à l'aveu ;
Il frémissait. La main tremblante
Dont il voilait son front en feu,
Cette main, tout à coup... oui, je la vis sanglante !
Oui, l'enfer m'abusait par ce lugubre jeu.
Mais vous aidiez, Seigneur, ma force défaillante.
Pour absoudre, ma voix monta ferme et vaillante :
Dans le dernier assaut vous triomphiez, mon Dieu.

Et j'ai gagné la paix avec cette victoire.
C'est un pressentiment, et mon cœur veut y croire.
Non, plus de ces courroux dont vingt ans j'ai frémi.

Regardant au dehors.

Ainsi la nature apaisée
S'endort de combats épuisée ;
Le tonnerre et les vents, tout demeure endormi.
L'aurore sur la terre humide
Glisse un premier rayon timide
Comme à travers des pleurs on sourit à demi.

Revenant vers les tombes.

La grâce avec douceur pénètre dans mon âme.
Je vous la dois, ô morts que je garde en ce lieu.
La céleste rosée éteint l'ardente flamme.
Voici, voici qu'en moi descend la paix de Dieu.

(Rideau.)

Aberdovey (pays de Galles), janvier 1834.

N O T E 1

Ici reposent, etc.

Ces religieux bénédictins furent en effet massacrés en février 1796. — Nous avons supposé le jour, qui ne nous est pas connu. — En réalité, ils étaient quatre seulement.

MÉTASTASE

Pierre-Antoine-Dominique-Bonaventure TRAPASSI, surnommé MÉTASTASE, naquit en 1698, d'une pauvre famille d'ouvriers. Dès l'âge de dix ans, il allait par les rues de Rome, improvisant des vers pour soulager l'indigence de son père. Le fameux jurisconsulte Jean-Vincent Gravina, émerveillé de ce talent précoce, se chargea de l'enfant. Savant de grande valeur, mais esprit paradoxal et pédantesque, il traduisit en grec le nom de son protégé et l'appela *Métastasio*. En mourant, il lui légua sa fortune. — Gravina était passionné pour la littérature et les vers. Il rédigea en latin, dans le style des *XII Tables*, les bizarres statuts de l'Académie des Arcades ou Arcadiens. Lui-même composa plusieurs tragédies médiocres et des traités sur l'Art poétique et sur la Tragédie.

Métastase est un grand nom dans l'histoire de l'art. A quatorze ans, il écrivait un drame ; à vingt-six, il conquérait la gloire par sa *Didon abandonnée*. C'était, malgré quelques écarts de jeunesse, un esprit religieux. La piété la plus exemplaire marque les quarante dernières années de sa longue vie.

Dans la vaste collection de ses œuvres on compte plusieurs drames sacrés : *la Mort d'Abel, le Sacrifice d'Isaac, Joseph reconnu, Joas, Hélène au Calvaire*. — Marie-Antoinette et ses sœurs reçurent de lui des leçons d'italien. Il mourut chrétiennement à Vienne, en 1782, fortifié par la bénédiction du pape Pie VI. — Métastase a été surnommé le Racine de l'Italie.

Cette comédie n'est qu'une fantaisie légère qui ne prétend nullement à l'exactitude savante de l'érudition. Nous avons emprunté une anecdote vraie à l'histoire littéraire, et brodé librement sur ce canevas.

PERSONNAGES

Jean-Vincent GRAVINA, jurisconsulte, fondateur des Arcades,
  professeur à la Sapience.
Pietro TRAPASSI, surnommé METASTASIO (13 ans).
Félice TRAPASSI, père de Pietro.
FELINO, majordome.
BEPPO, laquais.

A Rome, chez GRAVINA, janvier 1711.

MÉTASTASE

COMÉDIE EN DEUX ACTES

UN GRAND CABINET DE TRAVAIL RICHEMENT MEUBLÉ, A GAUCHE DEUX OU TROIS FENÊTRES DONNANT SUR UNE PLACE. AU FOND, A GAUCHE, UNE BIBLIOTHÈQUE; AU SECOND PLAN, UN BUREAU. — UNE PORTE VERS LE MILIEU. — A DROITE, TROISIÈME PLAN, UNE PORTE; AU PREMIER, UNE CHEMINÉE, ET DEVANT, UN GRAND FAUTEUIL. — A LA MURAILLE DU FOND EST SUSPENDU UN COSTUME COMPLET D'ARCADE : MASQUE, TUNIQUE RICHEMENT BRODÉE, HOULETTE ET PÉTASE GREC, — ON Y VOIT ENCORE LES ARMES DES ARCADES (LA SYRINGE ENCADRÉE DANS LE PIN ET LE LAURIER) ET UN BUSTE DE PAPINIEN. LE CABINET EST VIVEMENT ÉCLAIRÉ PAR UN JOYEUX SOLEIL D'HIVER.

ACTE PREMIER

SCÈNE I

GRAVINA, FELINO

Gravina est enveloppé dans une magnifique robe de chambre. Il est assis dans un fauteuil, devant le feu, et tient un papier à la main.

FELINO

Oui, signor, le morceau me paraît merveilleux!

GRAVINA, avec bonhomie et satisfaction.

(Le ton de Gravina doit toujours être légèrement solennel.)

Le style, je l'avoue, en est ingénieux.

FELINO

Certes !

GRAVINA

Voilà la reine entre mes tragédies.
Jamais plus docte plan, ni scènes mieux ourdies ;
Jamais accent plus fier dans mes vers ne sonna.
« Le grand jurisconsulte et savant Gravina, »
Dit-on ! Sot compliment que toujours on répète.
On dira désormais : « Gravina le poète. »

FELINO

Mais on le dit partout.

GRAVINA

Serait-il vrai ?... — Non, non.
L'étude, le savoir ici m'ont fait un nom.
On se presse à mes cours ; j'ai l'estime de Rome,

Amer.

Mais unir deux talents, c'est trop pour un seul homme.
Je fais de pauvres vers si j'en crois la rumeur ;
Le grand juriste enfin n'est qu'un piètre rimeur.

FELINO

Qui dit cela, signor ?

GRAVINA

Qui le dit? Tout le monde.

FELINO

Vous seul. — Ce noir chagrin, cette peine profonde,
Sans motif...

GRAVINA

Felino, j'ai confiance en toi.

FELINO, obséquieux.

Son Excellence peut s'en remettre à ma foi.

GRAVINA

Sache-le donc. J'ai tout, n'est-ce pas ? la fortune,
L'estime ; — et cependant tout cela m'importune !
Tout cet amas de biens n'est pour moi qu'un fardeau.
Le sort me rit...   (Tragiquement.)
                Hélas ! mon rêve était plus beau !

Changeant de ton, brusquement.

Mais la flamme languit, le feu meurt et succombe.

FELINO

Et toujours au dehors cette neige qui tombe !

GRAVINA

A Rome !

FELINO

Enfin, voici par bonheur le soleil.
Voyez.

GRAVINA se levant et allant à la fenêtre.

Le blanc tapis prend un reflet vermeil.
C'est étrange pourtant de voir la neige à Rome.
Comme il fait froid !

FELINO, appelant.

Beppo !

BEPPO, paraissant.

Monsieur le majordome ?

FELINO, noblement.

Excitez cette flamme.

*Le laquais arrange le feu, puis s'en va. Gravina se rassied devant
le feu, s'enveloppe et s'étale commodément.*

GRAVINA reprenant sa mélancolie.

Oui, je suis malheureux !

Se renversant dans son fauteuil.

Je porte dans mon sein un secret douloureux.
On ne m'a pas compris, vois-tu bien : — cœur et tête,
J'étais né pour chanter. Dieu m'avait fait poète.
Mais à la destinée on ne résiste pas :
Dans une autre carrière elle a conduit mes pas.

En moi, l'art semble à tous un caprice frivole,
Mes vers, le fruit léger de l'heure qui s'envole,
D'un savant fatigué doctes amusements...
— Mes vers, des jeux légers, des divertissements !

FELINO, à part.

Au fait !

GRAVINA

Ah ! triples sots ! — Je suis bien fou moi-même.
Ces drames trop pensés, œuvres d'un art extrème,
Dans ce public épais qui pourrait les goûter ?
Pour la foule stupide, à quoi sert de scruter
Les traités d'Aristote et les chants de Pindare ?
Perle ou verre, qu'importe à cette plèbe ignare ?

FELINO

Mais, signor, vous formiez un projet l'autre soir :
Éclairer l'auditeur, guider son bon vouloir...

GRAVINA

Ah ! je t'en ai fait part ? — Va, c'est une chimère.

FELINO

Que sait-on ?

GRAVINA

Non. J'en crois l'expérience amère.
Ils n'ont pas accueilli Servius Tullius,
Appius Claudius, (plus triste) ni Papinianus ;

Ils ont vu froidement Palamède, Andromède (1) :
Leur esprit est malade et d'un mal sans remède !
Et si je m'en croyais... (Il fait le geste de jeter sa pièce au feu.)

FELINO

Dieu puissant, quel dessein !
A la postérité vous faites un larcin !

GRAVINA, naïvement.

Ne crains pas, mon ami. — Mais quel bruit sur la place !

FELINO, à la fenêtre.

Un enfant bat des mains. — Malgré le froid qui glace,
On s'attroupe.

GRAVINA, se levant et allant voir.

Pourquoi ? — Observant.
Dieu ! les pauvres haillons !

FELINO

Il chante.

GRAVINA

Ses grands yeux lancent d'ardents rayons.
Quels traits fins, délicats !

FELINO

Quelle mine souffrante !

GRAVINA

Dans l'air pur du matin sa voix monte vibrante.
Ouvre donc.

FELINO

Et ce froid ?

GRAVINA

Oh ! c'est un beau froid sec.

FELINO, allant chercher un bonnet sur la cheminée.

Mais au moins couvrez-vous de votre bonnet grec.

GRAVINA, se coiffant ; avec distraction,

Ah ! les Grecs, Felino, quel peuple de génie !

On ouvre la fenêtre, premier plan. — PIETRO chantant du dehors :

CHANSON DE LA NEIGE

(Gounod, *Mireille*, nº 3, chanson de Magali, jusqu'à *Non, non...*)

I

Voici l'hiver ; dans sa ramure
L'arbre est rigide et sans murmure.
Plus de feuillage harmonieux (*bis*).
Soudain la neige, fleur nacrée,
    Tombe des cieux :
La neige ! Et la terre parée
    Brille à nos yeux.

II

Par l'hiver elle était flétrie ;
Mais ce matin, toute fleurie,
Elle nous charme à son réveil.
Quand le rayon tombe et s'y brise,
        Rose ou vermeil,
Le blanc tapis soudain s'irise
        Au gai soleil.

GRAVINA

Tiens, nous nous rencontrons.

III

Vois ton manteau, douce Madone (2);
La neige blanche le festonne,
Symbole aimable et virginal.
Elle a brodé tes chastes voiles,
        Ton piédestal,
Et constellé ton front d'étoiles
        De pur cristal.

(Pietro chante le couplet suivant d'une voix plus timide et moins
        assurée.)

IV

Fuyant les plaines épuisées,
L'oiseau revient à vos croisées :
Riche, pour lui soyez humain.
Je chante aussi, je lui ressemble ;
        Sur le chemin,
Tandis qu'au nid de froid l'on tremble,
        Je tends la main !

GRAVINA, après un silence,

      Son aubade est finie.
Pauvre petit chanteur !

FELINO

     Sans payer le morceau,
On se disperse, on fuit, les mains sous le manteau.

GRAVINA

Il quête, rougissant, d'un air fier et timide.
Rien ! Vois ses yeux fixés sur la sébile vide.

FELINO

Il s'éloigne... s'appuie au tronc de ce tilleul...

GRAVINA

Et, le front dans la main, reste à pleurer tout seul.
  Se fouillant.
Jetons-lui... (après l'avoir regardé de nouveau)
    Non ; plutôt fais-le monter. Va vite.

FELINO

Comment ! Ce vagabond vous rendre ici visite !
 Lui !

GRAVINA

Maître Felino, vous êtes familier.

FELINO à part, grommelant.

Hum !

GRAVINA

Allez.

SCÈNE II
GRAVINA SEUL

Avec moi, c'est par trop s'oublier.
Un excès de bonté provoque l'insolence.

Un silence.

SCÈNE III
GRAVINA, PIETRO, FELINO

FELINO, maussade.

Voici le mendiant.

Pietro regarde Felino avec colère. Celui-ci sort.

SCÈNE IV
GRAVINA, PIETRO

GRAVINA, avec bonté.

Approchez.

PIETRO

Excellence...

Monseigneur...

GRAVINA

Mon enfant, venez près du foyer :
Vous tremblez.

PIETRO, enhardi.

Quel plaisir de voir le feu briller !

GRAVINA, le considérant avec affection.

L'air est vif, n'est-ce pas, et mordait jusqu'aux larmes ?
La neige est froide ?

PIETRO

Oh ! oui.

GRAVINA

Vous célébrez ses charmes
Cependant ?

PIETRO

Il le faut. Le thème est imposé.
J'obéis.

GRAVINA

Quoi ! ce chant était improvisé ?

PIETRO

Oui, signor.

GRAVINA

Et par vous ? Et si vite ?

PIETRO

Sans doute.
Je viens sur une place ; on se groupe, on écoute.
J'invite un auditeur à choisir un sujet...

GRAVINA

Comment ! Ces jolis vers étaient un premier jet ?
Mais un pareil talent tient vraiment du prodige.
Quoi ! ces tropes heureux... Impossible, te dis-je.
Quel âge as-tu ? Treize ans tout au plus ?

PIETRO

Pas encor.

GRAVINA

Oh ! je vais t'éprouver sur-le-champ.

PIETRO

Oui, signor.

GRAVINA

Je suis poète. — Vois : c'est une tragédie.
A l'instant, j'écrivais une scène hardie :

Eh bien, reprends ce thème ; il est inspirateur. —
Ève, que de l'Éden chassa le Créateur,
Trouve soudain d'Abel la sanglante dépouille. —
La mine est riche : allons, médite, creuse et fouille.

PIETRO, à part.

C'est du pain pour les miens : ô Vierge, inspirez-moi.

Il réfléchit. Gravina l'observe.

GRAVINA, à part.

Il est charmant.

PIETRO, après un silence.

Voici... Mais je sens quelque émoi...

Improvisant :

ÈVE DÉCOUVRE LE CADAVRE D'ABEL

Quel corps est là couché dans les ajoncs touffus (3) ?
A travers les rameaux je vois ses traits confus...
C'est Abel, mon enfant !
                      — Il sommeille, il repose...
Abel ! — Il n'entend pas. Sa bouche reste close.
Approchons doucement... Penchons-nous à demi.
— Qu'il est paisible et beau, mon Abel endormi !...
— Mon fils ! — Il n'entend pas... Sur sa douce figure
Se répand à longs flots sa noire chevelure...
Sous sa tête, voici que j'ai passé la main :
Les yeux restent fermés et je l'appelle en vain !
O Dieu ! Sur son front pur ma lèvre s'est glacée.
Une vague épouvante en mon cœur s'est glissée. —
Et sa blanche poitrine ! elle est froide, elle aussi !

... Quel silence ! — Oh ! j'ai peur. — Et puis que vois-je ici ?
Une fraîche blessure à la lèvre empourprée.
Je devine... La mort ! Cette chose ignorée,
Ce châtiment futur que Dieu nous révéla,
Ce coup mystérieux... peut-être c'est cela !
— Soutiens-moi, Dieu puissant, qui frappes, mais qui sauves !
— J'y songe : bien des fois j'ai vu des bêtes fauves
Raides, gisant ainsi. — Puis un travail affreux
Dans leurs membres...
                    Subir ce destin douloureux !
Cette chair de ma chair devrait donc se dissoudre !
Ce doux visage... Oh ! non ! — Terrible coup de foudre !
Le voile de mes yeux se déchire et se fend :
Je comprends mon péché, qui frappe mon enfant !...

          Un silence.

GRAVINA

Viens m'embrasser, petit ! — A treize ans ! C'est superbe.
Ce chanteur de la rue est un génie en herbe.
Le style, j'en conviens, n'est guère ingénieux ;
C'est la simple nature étalée à nos yeux.
L'art manque. Pas de trait. — Mais il faut des modèles
Longuement copiés par des calques fidèles.
Va, je pourrai de l'art te livrer le secret,
Car mon vers est pompeux et mon style a du trait.

          Prenant son manuscrit.

Écoute :

          Avec emphase :

. . . .
Dieu frappe notre Abel par un trépas sanglant.
De l'archange vengeur le glaive étincelant

Nous a bannis tous deux du jardin de délices;
Mais, ô cher compagnon de mes trop longs supplices,
Adam, ô mon époux, nous retrouvons du moins
Par cette triste mort dont nous sommes témoins
Un souvenir d'Éden, charme de nos épreuves :
De nos yeux désormais vont couler quatre fleuves...

(Il regarde Pietro d'un air satisfait.)

PIETRO, stupéfait.

Le dernier ne s'attend point du tout.

GRAVINA, enchanté.

Justement ! Il étonne, et voilà le grand goût.
C'est ainsi, mon enfant, que l'art, belle imposture,
Ornant la vérité, sait farder la nature.
— Mais, dis : qui t'enseigna le doux métier des vers?

PIETRO

Personne. J'ai des yeux, je les tiens bien ouverts :
Quand un objet en moi fait chanter quelque chose,
Je rends tout simplement le trouble qu'il me cause.

Gravina écoute surpris. — Pietro poursuit.

— « Chante la neige ! » — Soit. Je la regarde bien,
Je sens, et le vers coule.

GRAVINA

Et si tu ne sens rien,

Que fais-tu ?

PIETRO

Je me tais. — Et tenez, tout à l'heure
Pour peindre à vos regards cette femme qui pleure,
C'était ma mère, hélas ! qui posait devant moi.
Je la voyais encor toute pâle d'effroi,
Trouvant à son réveil, — affreuse découverte ! —
Paolo, notre aîné, raide, immobile, inerte...
Du doute à l'évidence elle en vint par degrés :
Je vois encor ses traits, j'entends ses cris navrés.

GRAVINA, à part.

J'aime de ses yeux noirs la flamme intelligente.
— Réponds-moi : ta famille est nombreuse, indigente ?

PIETRO

Huit enfants, et souvent pas de pain.

GRAVINA

Sort cruel !

PIETRO

Hélas !

GRAVINA

Qui vous soutient ?

PIETRO

Le travail paternel.
Mon père est ouvrier, intrépide à l'ouvrage.
Mais il n'y suffit pas, malgré tout son courage.

GRAVINA

Il a nom?

PIETRO

Trapassi.

GRAVINA

Mais toi?

PIETRO

Pietro, signor.

GRAVINA, rêveur.

Ah ! Piétro... Tu le vois, mon enfant, j'ai de l'or ;
Je suis riche. — Je puis te faire un sort prospère...
Tu vivrais près de moi.

PIETRO

Près de vous ! Et mon père?

GRAVINA

Tu pourrais à ton gré voir ton père et les tiens.

PIETRO

Tandis que vos bontés me combleraient de biens,
Je verrais tous les maux affliger ceux que j'aime.
Pour alléger un peu cette misère extrême,
A la Vallicella, je n'irais plus chanter.

GRAVINA

Sur ma bourse pour eux, Pietro, tu peux compter.
Sois sans crainte ; au besoin, mon or les ferait vivre ;
Et puis, de tout souci pour toi je les délivre.

PIETRO

Dois-je croire, signor ?...

GRAVINA

        Je te prends par la main.
Vers les nobles succès je t'ouvre le chemin.
Le succès, c'est la gloire et c'est le nom qui brille,
Mais c'est l'aisance encor pour ta pauvre famille.
Tout cela, je te l'offre.

PIETRO

        Oh ! que vous êtes bon !

GRAVINA

C'est dit ?

PIETRO

    Je le veux bien.

GRAVINA

        C'est réglé. — Mais ton nom,
Ce nom de Trapassi n'est vraiment pas... attique.
J'aimerais mieux un nom plus frais, plus poétique,
Un nom... grec. — Par exemple, on traduirait le tien
En... (cherchant)

Métastasio ? — Vraiment oui, c'est fort bien...
Le sens est conservé ; le mot, pompeux, allie
Aux beaux sons de la Grèce un accent d'Italie.

Solennel.

Sois Métastasio. — D'un éclat souverain
Fais resplendir ce nom dont je suis le parrain.
Donne-lui, mon enfant, le baptême de gloire,
Et qu'on le grave un jour au Temple de Mémoire !
Il se tait. — Mon projet ne te plairait-il pas ?

PIETRO, émerveillé.

Oh ! vous parlez si bien que j'admire... tout bas.
— Mais, dites-moi, signor, que me ferez-vous faire ?

GRAVINA

Du beau, de l'art, mon fils, respirer l'atmosphère.
— Les fleurs de poésie ont de telles senteurs ! —
Comprendre, analyser, imiter les auteurs.
Nous relirons tous deux les poètes antiques.

PIETRO, content.

Les grands poètes ? Oui !

GRAVINA

Les doctes poétiques.

PIETRO, qui ne comprend pas,

Les ?...

GRAVINA, lyriquement.

Nous vous relirons, ô sublimes traités,
Que les hommes du jour ont trop peu médités,
Où drame, ode, épopée ont leur juste formule,
Et par qui d'un Homère on peut être l'émule !
Puis, je lève un tribut sur tes yeux complaisants :
J'ai la mémoire courte : une fois tous les ans,
Repasser tous mes vers est un plaisir que j'aime.
Tes bons yeux me rendront ce service. Toi-même
Tu pourras profiter et t'y former le goût.
Et voilà nos travaux, mon fils. Ce n'est pas tout.
Chez nos Arcadiens je saurai t'introduire.

PIETRO

Arcadiens?

GRAVINA

Comment ? Il faudra t'en instruire?
Tiens, regarde.

PIETRO

Oh ! signor, j'ai déjà regardé.
Ce grand chapeau, ce masque et ce jupon brodé,
Sans doute qu'au Corso, les jours de mascarade...

GRAVINA

Mais tu perds le respect! C'est un habit d'Arcade.
— Oui, nous sommes six cents, poètes, gens d'esprit (4),
Dames, nobles seigneurs. J'ai de ma plume écrit

Les statuts, en latin, style des Douze Tables.
On s'assemble en plein air : des sites délectables,
Près d'un ruisseau jaseur ou sous les orangers.
On vient masqué ; vêtu, les hommes en bergers
Mais en bergers galants ; les dames en bergères.
Nous avons pour fauteuils la mousse et les fougères.

PIETRO, stupéfait.

Que fait-on là, signor, avec ces grands chapeaux ?

GRAVINA

Des vers, pour la syringe et les joyeux pipeaux !
Ces plaisirs innocents et ces fêtes rustiques
Nous rendent l'âge d'or des nations antiques.
Vienne l'olympiade (5) et je t'introduirai,
Avant qu'il soit un an, dans ce vallon sacré.
Tu porteras l'habit qui te jette en extase.
Ton front rayonnera sous le large pétase :
Πέτασος. Le laurier sur un fond de gazon (6),
Le pin et la syringe orneront ton blason.
— Mais je bavarde trop. — Réglons tout, et sur l'heure.

Il sonne. Beppo paraît.

Le majordome.

Beppo s'incline et sort. — Arrive Felino.

SCÈNE V

GRAVINA, FELINO, MÉTASTASIO

GRAVINA

Bon. — J'entends qu'en ma demeure
Cet enfant soit traité comme serait mon fils.

FELINO

Lui !

GRAVINA

Je n'ai pas besoin de vos doctes avis,
Felino. — Tout d'abord, nous déjeunons ensemble.

FELINO, d'une voix sourde.

Fort bien.

GRAVINA, ironique.

Vous approuvez ?

FELINO

Mais je puis, ce me semble...

GRAVINA

Tailleur et tapissier seront mandés ce soir.
Par moi-même je veux tout régler et tout voir.

— Tu seras ici près : une chambre bien close.

Il ouvre la porte à droite.

Nous allons la meubler en couleur bleue et rose :
Quelque chose de gai, de riant : les rideaux
Te peindront des bergers avec leurs chalumeaux,
Tityre ou Corydon fredonnant sous les hêtres,
Des fêtes de village et des danses champêtres.
Ta fenêtre ouvrira sur des bosquets épais
Pleins d'ombre, de fraîcheur, de silence et de paix.

PIETRO

Mais, signor, à ces plans quelqu'un peut mettre obstacle.

GRAVINA

Qui ?

PIETRO

Mon père.

GRAVINA

Comment ! Quel bizarre miracle
Le rendrait ennemi de son propre intérêt,
De ton bonheur ?

METASTASIO

Hélas ! je l'avoue à regret,
Mais il est d'une humeur assez... indépendante.
Il parle librement. Sa franchise imprudente...
C'est de famille.

GRAVINA

Ah bah ! c'est de famille !

METASTASIO

Aussi
Dit-on dans le quartier : Fier comme un Trapassi.

GRAVINA

Ne crains rien, mon enfant. Avec moi, tout s'arrange.

Il sort, emmenant Métastase.

SCÈNE VI

FELINO

Voilà, Dieu me pardonne, une aventure étrange !
Ce petit vagabond, avec son vil métier !
— « Il est mon fils ! » — Son fils ! Partant, son héritier.
Et moi ? — Depuis quinze ans, esclave volontaire,
Je me tue à flatter le vieux célibataire.
Un attrayant espoir en secret m'animait :
Le docte professeur est fort riche ; il m'aimait...
Mais non. Ce va-nu-pieds arrive et me supplante !
— J'accepte résigné cette épreuve accablante !
Reprends cœur, Felino. Tu sais jouer serré...
— Je vaincrai cet enfant ! Oui, c'est dit, je vaincrai.
Je veux qu'avant un mois on le jette à la porte !
« Fier comme un Trapassi ! » Des gens de cette sorte !

C'est bon : tu paieras cher ta fierté. — Un silence.

                              Trapassi !
Ce nom, je le connais. On appelait ainsi
L'insolent qu'un beau soir, au sortir du théâtre,
Nos laquais ont puni de sa gaîté folâtre.
Oui, c'était bien son nom.   Joyeux.

                         Le père nous siffla :
Nous chasserons le fils. — Oh ! le triomphe est là.

                    (Rideau.)

ACTE SECOND

—

SCÈNE I

FELINO SEUL.

Voilà, depuis dix jours, deux fois qu'il vient ici.
J'avais raison. C'est bien ce même Trapassi
Que nos valets un soir ont rossé d'importance. —
Au parterre, debout, plein de sotte jactance,
Ce rustre, ce manant à pleins poumons sifflait.
Sifflez, mais à la fin vous paierez s'il vous plaît !
L'auteur a des laquais ; ce genre de services
Exercera leurs poings. Ainsi, gare aux sévices !
Il en eut à souhait. — Mais à mon goût trop peu.
Achevons de punir ce drôle. Oh ! j'ai beau jeu !
Déjà sur mon conseil...

     Métastase et son père !
Charmons, pour l'écraser, la petite vipère.

SCÈNE II

FELINO, TRAPASSI, METASTASIO

(Ils sortent de la chambre de Metastasio, à droite. Metastasio porte
un riche et gracieux costume).

FELINO

Ah! bonjour, Trapassi.

METASTASIO

Dites-moi, Felino,

(Montrant par la porte de sa chambre entr'ouverte.)

Ce guéridon charmant, c'est vous?...

FELINO, très aimable.

Signorino,

Vous l'aimez ?

METASTASIO

Je le crois !

FELINO, souriant; à mi-voix.

Oui, je suis le coupable.
Il m'a paru joli, léger, enfin capable
D'orner votre chambrette et de vous contenter.

Mielleux.

Au désir de vous plaire on ne peut résister.

METASTASIO

Bon Felino ! (à Trapassi)
> Pourtant, il ruine son maître.

FELINO, sortant.

N'ayez peur !

SCÈNE III

TRAPASSI, METASTASIO

METASTASIO

> Chaque jour, je vois ici paraître
Quelque colifichet, quelque rien gracieux.
C'est élégant, c'est frais, et cela rit aux yeux.
L'objet nouveau me charme et le plaisir m'effleure ;
Mais bien vite il se change en tristesse, et je pleure...

Tous deux sont assis.

TRAPASSI

Tu pleures ! Et d'où vient ?

METASTASIO, tenant la main de son père.

> Je souffre, voyez-vous,
Je souffre... d'être heureux.
> J'ai des tapis. — Chez nous,
On marche sans souliers sur la terre battue !
D'habits raccommodés notre mère est vêtue.

Au lever, le matin, j'y songe en m'habillant,
Tout honteux de porter ce costume brillant.

TRAPASSI

Cher Pietro ! — Voudrais-tu revenir ?

METASTASIO

                                   Non, mon père ;
Non. — Mon séjour ici fera de moi, j'espère,
Un poëte...

TRAPASSI

Tu l'es déjà ! Dieu t'a donné...

METASTASIO, sans écouter.

J'ai réfléchi : parfois je suis comme enchaîné.
Je chante au fond de l'âme et je ne sais pas rendre.

Montrant les livres.

Cet art, les maîtres seuls pourront bien me l'apprendre.
Alors vous jouirez du fruit de mes travaux.
D'ailleurs que de secours en restant je vous vaux !
Vous sentez moins déjà le poids de l'indigence.
Son appui délicat, sa discrète obligeance...

TRAPASSI

Surtout, je te l'ai dit, ne lui tends pas la main !
Souviens-toi que ton père est pauvre, mais Romain !

METASTASIO, souriant.

« Fier comme un Trapassi ! »

TRAPASSI

Mais oui. C’est de naissance.
— Ne mets rien de rampant dans ta reconnaissance,
Rien de vil.

METASTASIO, doucement.

Le signor a fait beaucoup pour moi.

TRAPASSI

Il y trouve son compte autant et plus que toi !

MÉTASTASIO

Ah ! père !

TRAPASSI

Mon enfant, je hais l’ingratitude...
Mais, vois-tu bien...

METASTASIO

Quoi donc ?

TRAPASSI

Oh ! c’est toute une étude.
J’observe ; je comprends le calcul qu’il a fait.
Il sait à son profit exploiter son bienfait.

METASTASIO, affligé.

De grâce !

TRAPASSI

On a des yeux... — Quel caprice bizarre
Lui fait changer mon nom pour un surnom barbare ?
J'ai cela sur le cœur.

METASTASIO

Barbare ! C'est du grec

TRAPASSI

Mais tous les Grecs ensemble, et ton signor avec,
Ne valent pas, mon fils, un plébéien de Rome.
Trapassi, c'est Romain ! — Pédantesque bonhomme !

METASTASIO

Songez à vos enfants. Pour eux, sinon pour vous,
Ayez le cœur moins haut, le langage plus doux.
Ce ton brusque et trop fier m'épouvante...

Il approche.

— Mon bon père !

Entre Gravina.

SCÈNE IV

GRAVINA, TRAPASSI, METASTASIO

GRAVINA

Ah ! c'est vous, mon cher.

TRAPASSI

Est-ce un reproche,
Excellence ?

GRAVINA

Non pas ; non pas : j'en suis content ;
Et Metastasio surtout.

TRAPASSI, à part.

Nom révoltant !

GRAVINA

Au surplus, un hasard fortuné vous amène :
Je voulais vous mander.

TRAPASSI

Moi ?

GRAVINA, à Métastase, le congédiant avec bonté.

Sors, et te promène
Au jardin.

METASTASIO

Au revoir.

Il sort légèrement.

SCÈNE V

GRAVINA, TRAPASSI

GRAVINA, s'asseyant et indiquant une chaise.

Or ça, causons tous deux.
Je nourris un projet quelque peu hasardeux...
Pour le faire aboutir, il me faudrait un homme,
Un homme sûr, discret. — Eh bien, mon majordome,
L'honnête Felino, m'a fait songer à vous.
Métastase... (Trapassi fait une grimace.)
Quoi donc ?... Métastase entre nous
Forme un lien...

TRAPASSI

Sans doute.

GRAVINA

Amoindrit la distance.

TRAPASSI, à part.

Patricien !

GRAVINA

C'est donc un projet d'importance :
En deux mots le voici.
— Je suis poète.

TRAPASSI

Bon.

GRAVINA

Dans le monde lettré ma lyre est en renom ;
Mais du peuple souvent je n'ai pas le suffrage.

TRAPASSI

Tant pis, signor, tant pis.

GRAVINA

Pour lui plaire, un ouvrage
Doit être nu, sans art...

TRAPASSI

Naturel.

GRAVINA

Mais devant
Un travail médité, fouillé, profond, savant,
Le vulgaire est troublé, la foule palpitante
N'ose pas applaudir et demeure hésitante.
Ainsi pour moi : je vois l'auditoire frémir ;
Il veut battre des mains...

TRAPASSI, à part.

Vous le voyez dormir !

GRAVINA

J'espère... — Rien du tout.

TRAPASSI, d'un ton demi-ironique.

Rien !

GRAVINA

On doute, on s'arrête.

Naïvement.

Bref, le public n'est pas au niveau du poète.
Ces incultes esprits voudraient bien admirer,
Mais l'admiration tremble de s'égarer.

TRAPASSI

Baissez le ton.

GRAVINA

Non pas. Tout autre est mon idée.
La foule a bon vouloir, mais doit être guidée.
Un petit bataillon d'hommes qu'on choisirait
Des passages brillants parfois l'avertirait.
Si ce groupe d'abord applaudissant lui-même,
Lui soulignait ainsi les beautés du poème,
Vous verriez le public partir et s'enflammer.
Ce groupe, qui pourrait mieux que vous le former ?
Qui le gouverner mieux ?

TRAPASSI

Une salle assoupie
A réveiller : c'est dur, très dur.

GRAVINA, sans écouter.

                    Sur la copie,
Je noterais en rouge : « Ici l'on bat des mains. »
Vous l'avez sous les yeux. Vous frappez. Les Romains,
Guidés, lancés par vous de la bonne manière,
Suivent éperdûment.

TRAPASSI

            Engeance moutonnière !

        Crûment.

C'est donc, si j'ai compris, une claque à monter ?

GRAVINA

Et mon choix, Trapassi, doit, je crois, vous flatter.
Il vous dit assez haut ma confiante estime.
Ce que je fais pour vous d'ailleurs la légitime.
Révéler mon secret, refuser ce mandat
Ne vous est pas permis : vous seriez un ingrat.

TRAPASSI

Pour le secret, signor, avec ma gratitude
Mon honneur vous l'assure, et sans inquiétude...
— Vous semblez étonné quand je parle d'honneur ?
Faut-il, pour en avoir, être prince ou seigneur ?
— Quant au mandat...

GRAVINA

Eh bien ?

TRAPASSI

Souffrez que je refuse.

GRAVINA

Comment ? Vous refusez ?

TRAPASSI

Oui.

GRAVINA

Quelle est votre excuse ?

TRAPASSI

Mon estime pour vous, pour votre dignité.
Ces moyens sont trop bas, signor.

GRAVINA

En vérité !

TRAPASSI

Comment ne pas rougir d'un succès qu'on mendie ?

GRAVINA

Mendier ! — Vous avez la parole hardie.
Éclairer le public, élever son niveau,
Est-ce là mendier ? D'ailleurs, est-ce nouveau ?
Quel auteur ne l'a fait ?

TRAPASSI

Faites-le. Mais dans Rome
Trouvez un autre agent. Je ne suis pas votre homme.

GRAVINA

Ingratitude humaine !

TRAPASSI

Ingrat, moi ? Non, signor.
Vous avez le cœur grand et vous prodiguez l'or.
Mais enfin le bienfait doit-il être une chaîne,
Un boulet de forçat qui blesse et que l'on traîne ?

GRAVINA

Quel langage !

TRAPASSI

Après tout, la générosité
N'est-elle donc ici que de votre côté ?
J'avais une fleur rare, et veux bien m'en défaire.
Vous daignez l'entourer d'une chaude atmosphère,
Dans un vase de prix la faire épanouir.
Elle orne vos salons; vous en pouvez jouir;
Et moi je ne l'ai plus, ma fleur pourtant si chère :
Croyez-moi, j'ai donné plus que vous, moi son père...
Pauvre petit Pietro ! Pour moi, c'était encor
Mon bel oiseau chanteur. — Dans une cage d'or
Vous l'avez enfermé ! (Il montre la chambre de Pietro.)

Sa chanson vous égaie :
Tant mieux. Mais son départ m'est au cœur une plaie...
Je n'entends plus vibrer son accent clair et frais.
— C'était ma perle aussi. Je l'avoue, à grands frais
Vous l'avez fait sertir. — Vous donnez la monture :

Avec mélancolie.

Moi, j'ai donné la perle : elle était fine et pure.

GRAVINA, stupéfait.

Quel style !

TRAPASSI

Un plébéien doit-il n'être qu'un sot ?
Avec plus d'un marquis on pourrait faire assaut.
J'ai connu maint niais qu'on appelait Altesse.

GRAVINA

Vous avez trop d'esprit ; trop peu de politesse.
— Donc vous n'acceptez pas ?

TRAPASSI

Non. Vous m'en saurez gré
Quand de meilleurs conseils vous serez éclairé.

GRAVINA

C'est votre dernier mot ?

TRAPASSI

Hélas, je le regrette.
Mais je sens un scrupule, une fierté secrète
Qui me dit malgré tout : ne fais pas ce métier.

GRAVINA

Des nobles Fabius voyez-vous l'héritier !
Tenez quelques instants examinez la chose.

TRAPASSI

C'est fait.

GRAVINA

Non. Pesez bien les intérêts en cause.

(Il congédie Trapassi.)

SCÈNE VI

GRAVINA

Il se promène les mains derrière le dos, puis s'arrête brusquement.

Je suis trop bon ! Je suis trop bon ! Je suis trop bon !
Lui, cet homme de rien, me résister ? Mais non !
J'aurai le dernier mot... (Un silence.) Oui, le fils et le père,
Qu'ils regagnent tous deux leur taudis, leur repaire !
Je les chasse tous deux, ces orgueilleux ingrats !
Penché sur leur misère et leur tendant les bras
Je les comblais de biens : voilà ma récompense !
Ce refus ! Ces leçons !... Insolent ! Plus j'y pense...

SCÈNE VII

GRAVINA, METASTASIO

METASTASIO, souriant.

La gazette, signor. — On y parle de vous,
Paraît-il.

GRAVINA, bourru.

Donne vite.

Métastase la lui donne avec douceur. Gravina l'observant, et moins
sombre ; à part.

Il est pourtant bien doux.

METASTASIO, à part.

Qu'a-t-il donc ? (Haut.)
Vous plaît-il d'en ouïr la lecture ?

GRAVINA, avec bonté.

Pas à présent, mon fils.   (Bas.)
Sémillante nature !

METASTASIO, affectueux

Vous semblez inquiet ?

GRAVINA

Oui, j'ai quelque souci.
— Mais va trouver ton père ; il n'est pas loin d'ici.

— Tâche de lui former une humeur plus modeste.

METASTASIO, à part.

J'entends. (Haut.) De ses discours la liberté funeste
Quelquefois... (Avec effusion.)
            Oh ! pour lui daignez être indulgent.
Il est fier, il est vif, se sent intelligent,
Et sa condition trop souvent l'humilie.

Caressant.

Mais vous êtes si bon !

Gravina le regarde affectueusement.

GRAVINA, doucement.

Va.

SCÈNE VIII

GRAVINA

Ce serait folie
De chasser cet enfant. — Pour me venger d'autrui
Je me punis moi–même en me privant de lui.

Ouvrant la gazette.

Que dit-on sur mon compte ? Ouvrons cette gazette.

Il cherche, s'assied et lit :

«... Le célèbre jurisconsulte Gravina, dont les cours à la Sapience
ont une réputation européenne (il relit deux fois ces derniers mots),
et qui s'est encore honoré par la fondation de l'Académie des Arcades,

vient d'acquérir un titre nouveau à la reconnaissance publique. On sait que le signor Gravina est passionné pour les belles-lettres, et que, sans prétendre au titre de poète (*il s'assombrit*), il a parfois, à ses heures de loisir, brigué les faveurs de Melpomène.

(Mécontent.)

Mes loisirs ! Sans prétendre au titre de poète !
Le sot ! — Mais « Melpomène » et « briguer sa faveur »,
Est élégant.

Il lit :

Or, il a récemment découvert et tiré de l'obscurité un jeune talent qui donne les plus belles espérances. Depuis dix jours environ, cet enfant, qu'il a surnommé Metastasio, fait le charme des salons de son bienfaiteur. Avec une facilité merveilleuse, il improvise, à la demande des visiteurs, les poésies les plus fraîches et les plus variées.

L'illustre signor...

Illustre a bien quelque saveur.

L'illustre signor se propose d'élever ce jeune poète.

Je me propose ! Enfin !

Il ne peut dépenser plus noblement sa grande fortune, comme il ne pouvait plus glorieusement l'acquérir. »

(Naïvement.)

Hum ! cela se déguste.
Rien n'est flatteur au goût comme un compliment juste.
— Oui, mais je suis lié par ce beau compliment.
On connaît mon bienfait, mes desseins. Et comment
Renvoyer désormais cet enfant ? Rome entière
A de mordants pasquins y trouverait matière.

« Caprices de vieillard ; inconstance d'humeur ! »
Des quolibets malins j'entendrais la rumeur...
Et mon projet !... Hélas ! je le crains, au théâtre
Jamais je ne verrai le public idolâtre
Applaudir ce grand style et cet art souverain
Que n'atteindra jamais le goût contemporain.
... Mieux vaudrait imprimer peut-être. A la lecture
Les beaux esprits nourris dans la littérature
Comprendront mes travaux et leur noble beauté.
Puis la scène commet un peu ma dignité.
Un savant, un docteur peut-il bien sans descendre ?...

SCÈNE IX

GRAVINA, FELINO

FELINO

Le signor a sonné ?

GRAVINA

Non.

FELINO

Je croyais entendre.

Il s'éloigne lentement, puis revient.

Sans doute le signor aura vu Trapassi ?

GRAVINA

En effet.

FELINO (même jeu.)

Il consent ?

GRAVINA, après un instant, d'un ton indécis.

Oui..., oui..., j'ai réussi.

FELINO, stupéfait.

Lui, consentir !   (Après un instant, à mi-voix.)
Au fait, pour réparer sa faute...

GRAVINA, surpris.

Sa faute ?

FELINO, jouant le trouble.

Ah ! qu'ai-je dit ?

GRAVINA

Parlez donc à voix haute !
Que veut dire un tel mot ?

FELINO

Oh ! rien, rien.

GRAVINA

Soyez clair.

FELINO

Signor !

GRAVINA

Expliquez-vous.

FELINO

Une parole en l'air.
Ne me contraignez pas. Je tremblerais de nuire,
Et Métastase enfin m'est cher.

GRAVINA

Tu dois m'instruire,
Je l'exige.

FELINO

Je crains pour le signorino.
Non. Je ne puis rien dire.

GRAVINA

Obéis, Felino.

FELINO

Cher Métastase ! Hélas ! Me forcer... moi qui l'aime
Autant que s'il était votre enfant à vous-même.

GRAVINA

Que veut-il dire?

FELINO, se résignant.

Eh bien !   (S'arrêtant court.)
              Mais si je lui fais tort
Vous seul en répondez.

GRAVINA

Explique-toi d'abord.

Vite !

FELINO

Le souvenir vous reviendra sans peine.
Lorsque Papinien fut joué sur la scène (7),
Un homme de la plèbe au parterre siffla
Tant, si fort et si bien...

GRAVINA

Que la pièce en croula.
Pendard ! — Cet homme était ?

FELINO

Trapassi.

GRAVINA

Lui ? — Son père !
Et je comble de biens le traître !

FELINO, rayonnant, à part.

Il s'exaspère.

GRAVINA

Je t'aimais comme un fils, mon cher Papinien...
Il frappe mon enfant, et j'adopte le sien !
Hypocrite ! Accepter sans remords et sans honte
Mes secours, mes bienfaits !

FELINO, à part.

Le flot grossit et monte.

GRAVINA

Et tu m'avais caché ce secret odieux ?

FELINO

Je l'ignorais hier. Un hasard merveilleux...

GRAVINA, tragiquement.

Qu'on les chasse à l'instant ! Cours venger mon injure.

FELINO

L'enfant aussi ?

GRAVINA

Tous deux.

FELINO

Non. Je vous en conjure :
Gardez l'enfant.

GRAVINA

Qui ? Lui ! Je le hais,

FELINO

                    Par pitié !

GRAVINA

Va, ton cœur est trop bon, trop tendre à l'amitié.

FELINO

Cher Metastasio ! — Pour vous-même, quel vide !

GRAVINA

Il me ruinerait.

FELINO

            Lui ?

GRAVINA

            De mon or avide,
Toujours songeant aux siens... — Qu'on m'en délivre !
                                        [Allons !

FELINO, appuyant.

Tout le beau monde va déserter vos salons.
Au petit chevalier hier j'entendais dire :
« Métastase est ici le charme qui m'attire. »

GRAVINA

Insolent !

FELINO, jouant l'étonnement.

      Quoi ! Signor, en êtes-vous blessé ?
Moi qui croyais...

GRAVINA

J'en suis à bon droit offensé.
Donc, je ne compte pas : mon savoir, mon mérite :
Bagatelle ! — La foule... oh ! oui, cela m'irrite —
Vient écouter chez moi ce précoce rimeur.
Rimeur ! Oui. Son talent, ce n'est que belle humeur,
Que sève printanière éclatant sous l'écorce.
Il n'a que du brillant : point de fond, point de force.

FELINO

Eh ! quoi...

GRAVINA

Ces fruits hâtifs ne durent pas longtemps,
Vois-tu ; l'enfant prodige est un sot à trente ans.
Et déjà dans ses vers qu'un vain éclat colore,
Le décousu souvent gâte la métaphore,
Souvent l'hypotypose est prodiguée à faux,
Et la métonymie a de graves défauts.
On admire pourtant ce jeune phénomène !
Je le fais applaudir. Oui, moi ! Sottise humaine !
On vient cueillir ici ses petits bouts-rimés,
Et nos fats ignorants s'en retournent pâmés.
Le père me siffla ; je tresse une couronne
Pour le front de l'enfant. Oh ! que j'ai l'âme bonne !

FELINO

Signor, apaisez-vous.

GRAVINA

Tiens, va me les chercher.

Va.

SCÈNE X

GRAVINA

L'hypocrite ! En face il faut lui reprocher
Sa noire trahison et flageller sa faute.

SCÈNE XI

GRAVINA, TRAPASSI, METASTASIO

GRAVINA, tragique.

Vous osez, Trapassi, marcher la tête haute ?

TRAPASSI, après un instant de surprise ; fièrement.

C'est assez ma coutume, et j'entends mal pourquoi...

GRAVINA

C'est un droit que du moins vous n'avez pas chez moi.

TRAPASSI, indigné.

Mais, signor !

METASTASIO

O mon Dieu !

GRAVINA

Parlez. Quel nom mérite
L'homme faux, cauteleux...

TRAPASSI, frémissant.

Prenez garde !

GRAVINA

Hypocrite,
Qui fut d'un autre, un jour, l'impudent insulteur
Et plus tard, sans rougir en fait son bienfaiteur ?

TRAPASSI, impérieux.

Quand vous ai-je insulté ? Répondez, et sur l'heure !

METASTASIO, suppliant.

Père !

GRAVINA

Vous commandez ! Ici, dans ma demeure !

TRAPASSI, violent.

Quand vous ai-je insulté ? Je prétends le savoir.

GRAVINA

Vous l'ignorez peut-être ? Oubliez-vous le soir
Où vos sifflets moqueurs excitant le parterre
Ont fait tomber un drame ?

TRAPASSI, calmé.

Ah ! voilà le mystère !
Ce drame était de vous ?

GRAVINA

Oui, mon Papinien,
Mon chef-d'œuvre. — Sifflé !

TRAPASSI, riant.

Mais je n'en savais rien,

GRAVINA

Est-ce vrai ?

TRAPASSI

Sur ma foi. — J'en voulais à l'ouvrage,
Mais j'ignorais l'auteur, et sans lui faire outrage...

GRAVINA

Vous mentez, Trapassi.

TRAPASSI, furieux.

Prenez garde, signor.

METASTASIO, fièrement.

Vous ne connaissez pas mon père.

GRAVINA

Mais encor

Vous savez quels valets, groupés à la sortie,
Pour votre châtiment vous prirent à partie ?

TRAPASSI

C'étaient vos gens ! — Alors que me reproche-t-on ?
J'ai joué du sifflet, vos laquais du bâton.
Mais qu'ils fussent à vous, vraiment, dans la bagarre,
Ripostant au hasard, frappant sans crier gare,
J'avais d'autres soucis que de m'en informer.
Les gourdins se croisaient, ma foi, sans se nommer.

METASTASIO, à Gravina.

Il n'a donc pas voulu vous faire cette offense.
S'il eût connu l'auteur, jamais...

TRAPASSI

> Pour ma défense,
Pietro, je n'entends pas que tu parles ainsi.
Même alors, j'aurais fait de même.

GRAVINA

> Trapassi !

METASTASIO, à son père.

Vous n'auriez pas sifflé.

TRAPASSI

> J'aurais sifflé, te dis-je.

METASTASIO, à Gravina.

Oh! ne l'en croyez point. Votre nom, le prestige...

TRAPASSI

Eh bien, supposons-le : ce nom, je le savais.
Le drame en était-il pour cela moins mauvais ?

GRAVINA

Mauvais ! Papinien !

TRAPASSI

Disons mieux : détestable.

GRAVINA

C'est trop fort !

METASTASIO, doucement.

Pour porter un arrêt équitable,
Êtes-vous connaisseur ?

GRAVINA

Un drame aussi parfait !
Sifflé !

TRAPASSI

Je l'ai sifflé ; mais vous, vous l'avez fait :
Vous devez plus que moi vous frapper la poitrine.

GRAVINA

Je dois m'en repentir !

TRAPASSI

Certes !

GRAVINA

                    Bonté divine !
Mais ton père est un fou !

METASTASIO, à Gravina.

                    Si vous avez raison,
Il mérite du moins indulgence et pardon.

TRAPASSI

Tu me défends ainsi !

METASTASIO

                    Mon Dieu, j'en désespère.
Avec mon bienfaiteur voir disputer mon père !
Pardonnez-lui, signor.

GRAVINA

                    Je ne pardonne pas.

METASTASIO, à son père.

Avouez votre erreur.

TRAPASSI

                    Jamais. Jusqu'au trépas
Je croirai, je dirai que la pièce est mauvaise.

GRAVINA

Vous pourrez en tout lieu le redire à votre aise.
Mais pas ici du moins, car vous allez partir.

TRAPASSI, à son fils.

Partons. Soit.

METASTASIO

Non, signor. Il va se repentir.

A son Père.

Songez dans quel chagrin ce caprice me plonge.
Le signor m'était bon. Je l'aimais...

TRAPASSI, hésitant.

Un mensonge
Calmerait ton chagrin... Non. C'est contre l'honneur.

METASTASIO

Et tout mon avenir se brise, et mon bonheur !

TRAPASSI

Écoute. — Je veux bien concéder quelque chose.

GRAVINA, ironique.

C'est grand. Du compromis apprenez-nous la clause.

Il s'assied.

TRAPASSI, avec effort.

Le drame dans l'ensemble... est bon ; sauf des écarts,

GRAVINA

Ah !

TRAPASSI

Que je soulignai par des sifflets épars.

GRAVINA

Épars !

TRAPASSI

Mais un morceau demeure impardonnable.

GRAVINA

Lequel ?

TRAPASSI

Sur cet endroit je reste inébranlable.
Je le condamnerais un pied dans le tombeau.

GRAVINA

Et c'est ?

TRAPASSI

Le dernier acte, au début.

GRAVINA, bondissant et criant.

Le plus beau !
Oui, le plus bel endroit, la perle de l'ouvrage !

TRAPASSI

Le plus laid !

GRAVINA

Le plus beau !

TRAPASSI

Le plus laid !

GRAVINA

Oh ! j'enrage.

METASTASIO, à Gravina.

Signor...

GRAVINA

Laisse.

METASTASIO, à Trapassi.

Mon père !

TRAPASSI

A d'autres !

GRAVINA, résolu.

Trapassi,

Finissons.

TRAPASSI

Finissons.

GRAVINA

Écoutez bien ceci.
C'est un ultimatum... La scène est belle et forte;
Vous la trouvez charmante, — ou vous passez ma porte.

TRAPASSI, à Métastase, décidé.

Viens, mon enfant.

METASTASIO, soudainement.

Non pas. Pour juger le morceau
Vous devez à loisir l'entendre de nouveau.
Je vous le lirai, moi.

GRAVINA

Non. Je lirai moi-même.

METASTASIO, effrayé.

Vous !

GRAVINA, souriant.

Qui mieux que l'auteur sait choyer un poème,
Le rendre avec amour ?

METASTASIO

Vous le rendriez mieux;
Mais en a-t-il besoin ? Puis songez à vos yeux...

GRAVINA, ébranlé.

Tu veux donc ?

METASTASIO, caressant.

C'est mon cœur qui lira.

GRAVINA, séduit.

                    Je l'accorde.

TRAPASSI, à part.

Il a perdu d'avance et sans miséricorde.

METASTASIO, cherchant sur le bureau.

Le manuscrit?

GRAVINA

A droite, ici, dans le casier.

MÉTASTASE, cherchant.

Je l'ai lu récemment. Je connais le cahier.

Il apporte le cahier et résume la situation.

Caracalla César a fait périr son frère
Géta. — Papinien à ce crime est contraire.
Jurisconsulte intègre et courageux soldat,
Il doit glorifier le meurtre en plein Sénat.
S'il refuse à César l'acte de complaisance,
Un bourreau va frapper son fils en sa présence (8.)

TRAPASSI

Le sujet est superbe.

METASTASIO

Eh bien ! voici les vers.

Il lit des yeux, réfléchit et commence :

CARACALLA, PAPINIEN, LE FILS DE PAPINIEN

CARACALLA

Austère magistrat, docte jurisconsulte,
Rome suit vos avis; Rome a pour vous un culte.
Prouvez-lui que Géta meurt d'un juste trépas.

PAPINIEN

Non, César.

CARACALLA

  Non? Comment? Vous ne le pouvez pas ?
Pour calmer la révolte et bannir les alarmes,
Dans l'arsenal du droit vous ne trouvez pas d'armes?

PAPINIEN

Magistrat courtisan, j'aurais plus d'une loi,
Mais vil poignard et non glaive de bon aloi.

CARACALLA

Ainsi vous refusez ?

PAPINIEN

  D'innocenter un crime,
Oui.

CARACALLA

D'un farouche honneur on peut être victime,

PAPINIEN

Victime du devoir, je mourrai satisfait,
Je vivrais malheureux, complice d'un forfait,

CARACALLA

Tu n'auras point la mort que ton orgueil espère.
Je prétends te frapper dans ton amour de père.
Obéis, ou ton fils va périr à tes yeux.

PAPINIEN

Tu t'appelles Néron, j'en atteste les dieux.

CARACALLA

Je m'appelle Néron et veux qu'on m'obéisse.
Parle, ou l'enfant mourra.

PAPINIEN

Que lui-même choisisse !

A son fils.

Dois-je épargner tes jours, mon fils, et me flétrir ?
Pour m'épargner la honte, es-tu prêt à mourir ?

LE FILS DE PAPINIEN

Ah ! douter de mon choix serait me faire outrage.

PAPINIEN, *enthousiasmé.*

Voilà, voilà mon sang ! (*A l'Empereur.*) Je le livre à ta rage.

LE FILS DE PAPINIEN

O sainte vérité ! je meurs en te sauvant.

CARACALLA, *au bourreau.*

Frappez !...

PAPINIEN, *après avoir considéré le cadavre.*

Mon fils est mort! — Mais l'honneur est vivant.

. . . .

Gravina n'a écouté qu'à demi; il a surtout observé Trapassi. Par moments, cependant, il a paru un peu étonné de certains vers.

GRAVINA, observant Trapassi.

Il écoute surpris et les yeux grands ouverts.

TRAPASSI, à Gravina, en le regardant fixement.

Vous avez après coup corrigé cette page.

GRAVINA

Ému par vos lazzis et par votre tapage,
N'est-ce pas? Moi, céder à de tels arguments !

TRAPASSI

Mais vous avez fait là de profonds changements ?

GRAVINA, ferme.

Moi ? Pas un.

TRAPASSI, déconcerté.

Quoi ? Pas un ? On me trompe, on me joue...

GRAVINA

Donc le morceau vous plaît ?

TRAPASSI

Splendide, je l'avoue.

Grandeur et sobre éclat, tout m'avait échappé...
Et je commence à voir que je m'étais trompé.

GRAVINA, satisfait.

C'est un aveu loyal.

TRAPASSI

Oh ! je sais me dédire.
Pourtant je croyais bien... (Il prend machinalement le cahier.)

METASTASIO, à part, avec effroi.

A-t-il appris à lire ?

TRAPASSI, remettant le cahier, qu'il ne peut lire.

Enfin ! oui, c'est fort beau. Pardonnez-moi, signor.

GRAVINA, avec bonté.

Oh ! c'est fait, mon ami.

METASTASIO, radieux.

Têtes chaudes, — cœurs d'or.

GRAVINA, à Trapassi.

Vous partez ?

TRAPASSI

Je le dois.

GRAVINA

Allons, je vous invite.
A bientôt, n'est-ce pas, la prochaine visite ?

METASTASIO

Au revoir, père.

Il sort un instant pour reconduire son père, puis revient.

SCÈNE XII

GRAVINA, METASTASIO

GRAVINA

Il doit m'avoir changé des vers.

Prenant le cahier.

En effet.

METASTASIO, revenant.

J'en ai lu quelques-uns de travers.
Le papier a jauni, l'écriture s'efface.
Puis... certaines beautés ne peuvent, quoi qu'on fasse,
Entrer dans un esprit inculte, fût-il droit.
Par exemple, j'ai dû supprimer cet endroit :
« J'outrepasse, César, tes vœux et ta requête :
Tu demandais ma langue et je t'offre ma tête. »
C'est un peu trop subtil pour le simple bon sens.
Ses yeux supportent mal ces traits... éblouissants.

GRAVINA, avec satisfaction.

La scène, toutefois, même ainsi mutilée,
Soulevait des transports dans son âme ébranlée.
Juge un peu quel effet produirait sa beauté
Brillant dans sa splendeur et son intégrité ! —
Le Beau, mon fils ! Ce mot, que dit-il à ton âme ?

METASTASIO

Il l'enivre, signor, il l'exalte et l'enflamme.

GRAVINA

Livre-toi tout entier à ce chaste désir.
Marche vers l'idéal, lutte pour le saisir.
Forme en toi le poète ; agrandis ton courage ;
Je veux dire de toi : « C'est mon meilleur ouvrage (9). »

Gravina, près de sortir avec l'enfant, rencontre Felino qui entre.

SCÈNE XIII

LES PRÉCÉDENTS, FELINO

GRAVINA

J'ai réfléchi : je suis ton avis, Felino.

MÉTASTASIO, à Felino, joyeusement.

Oui, je reste.

Tous deux sortent.

SCÈNE XIV
FELINO

Il demeure un moment interdit, puis avec colère :

Saisi ! Saisi dans mon panneau !

(Rideau.)

Jersey, avril 1886.

NOTE 1

ACTE I. — SCÈNE I.

Ils n'ont pas accueilli Servius Tullius,
Appius Claudius... etc.

Ce sont des tragédies de Gravina.

NOTE 2

. Vois ton manteau, douce Madone...

On sait combien les madones sont fréquentes dans les rues de Rome.

NOTE 3

SCÈNE IV.

Quel corps est là couché dans les ajoncs touffus ?

Métastase a écrit un drame sacré sur la mort d'Abel.

NOTE 4 .

Oui, nous sommes six cents, poètes, gens d'esprit..., etc.

Tous ces détails sur l'Académie des Arcades sont historiques. — En 1700, elle comptait 600 membres. — Lacordaire écrit à un jeune homme (Sorèze, 16 novembre 1859) : « Je connais un dominicain, occupant une haute charge à la cour pontificale, qui est membre de l'Académie des Arcades, et s'y appelle Tityre ou Mélibée. »

NOTE 5

Vienne l'olympiade...

Les Arcades comptent par olympiades.

NOTE 6

Le pin et la syringe orneront ton blason.

Ce sont les armes de l'Académie.

NOTE 7

ACTE II. — SCÈNE IX.

Lorsque Papinien fut joué sur la scène.

Tragédie de Gravina.

NOTE 8

SCÈNE XI.

... Un bourreau va frapper son fils en sa présence.

Papinien mourut pour avoir refusé cette apologie. Caracalla le fit tuer sous ses yeux et condamna également le fils du grand jurisconsulte.

NOTE 9

SCÈNE XII.

Je veux dire de toi : C'est mon meilleur ouvrage.

C'est un mot de Gravina parlant de Métastase.

GRATIA

Ce poème n'est pas destiné à être chanté, mais on l'a plusieurs fois joué en ajoutant aux passages lyriques un accompagnement mélodramatique. La pièce, par la nature du sujet, ne convient pas sans doute à toutes les scènes, même chrétiennes. Cependant, sans parler de la lecture, qui pourra faire à plusieurs quelque plaisir et quelque bien, il est telle maison, il est telle circonstance, par exemple une académie sur saint Bernard et son rôle, où elle trouverait naturellement sa place. Le fond est historique, aussi bien que les détails principaux, notamment les merveilles dont Dieu se servit pour attirer à la vie religieuse les frères de saint Bernard. Le charmant épisode du petit Nivard est célèbre : on l'a fidèlement conservé. C'est en effet en s'éloignant, après leur visite d'adieu à leur père, qu'ils trouvèrent Nivard jouant dans la cour du manoir de Fontaines. — Técelin le Roux, l'époux de la bienheureuse Aleth de Montbar, se fit moine, lui aussi, et mourut dans les bras de ses fils.

PERSONNAGES

TECELIN, seigneur DE FONTAINES.

GUIDO,
GÉRARD,
BERNARD (saint),
ANDRÉ,
BARTHÉLEMY,
NIVARD,
} fils de TÉCELIN.

Au manoir de Fontaines, près Dijon, 1113.

GRATIA

(Saint Bernard à vingt ans)

TABLEAU LYRIQUE

SCÈNE I

TÉCELIN, assis dans un grand fauteuil en chêne sculpté; NIVARD
sur un tabouret à ses pieds.

NIVARD, lisant un manuscrit enluminé.

«...... Or, ses fils n'étant plus, la vénérable aïeule,
« Dolente, murmurait : Seigneur, me voilà seule.
« Quel désert en mon cœur et dans ce grand manoir !
« Dans ces murs, dans mon cœur comme il fait triste et
[noir ! »

TÉCELIN, répétant lentement :

Quel désert en mon cœur et dans ce grand manoir !
Dans ces murs, dans mon cœur comme il fait triste et noir!

NIVARD

Tenez, père, laissons ce livre : il vous afflige.

TÉCELIN

Poursuis, Nivard, je l'aime.

NIVARD

          Eh non ! qui vous oblige
A nourrir vos regrets de récits douloureux ?

TÉCELIN

Je les comprends si bien !

NIVARD

          Quoi ! vous voulez par eux
Faire jaillir encor la source de vos larmes ?
Vous pleurez !

TÉCELIN

        Pleurs amers ! — Ils ont pourtant des charmes.
Crains plus pour moi, Nivard, le deuil morne, étouffant.
— Voyons, lis.

NIVARD

Non, de grâce.

TÉCELIN

          Obéis, mon enfant.

Un temps.

Quoi! Mon doux compagnon, dont la vive parole,
Dont l'accent pur et frais me calme et me console,
Fatigué du vieillard et de soins trop pesants,
Ne veut plus me prêter ses bons yeux de quinze ans?

NIVARD

Oh! si, père ; mes yeux, et mon sang et ma vie.
Mon cher père et seigneur le sait bien : mon envie,
Mon vœu, c'est d'assoupir vos inquiets chagrins,
De vous créer des jours moins sombres, plus sereins.
Vous savez le triomphe où mon orgueil aspire :
Dans vos regards flétris faire éclore un sourire,
Dans ma jeune gaieté réchauffer votre cœur,
Quel succès ! et quel prix de mon effort vainqueur !

TÉCELIN

[Mélodrame.]

Trésor qui m'es laissé par la pitié céleste,
Cher enfant! cher enfant ! — Mais seul bien qui me reste !
Votre loi rigoureuse, ô Dieu, m'a tout repris.
Vous marquez mon déclin au sceau du sacrifice.
Je vois de mon bonheur le fragile édifice
S'écrouler pierre à pierre et débris par débris.

Jours des ardents combats, où ma sainte bannière
A dérouler ses plis n'était pas la dernière,
Où sous mon fier élan je voyais tout ployer !
Doux retours qui suivaient la rude chevauchée,
Quand sur mon front sanglant une épouse penchée
Reposait ma fatigue aux charmes du foyer !

Dans ma main de soldat plaçant ta main fidèle
Tu montais avec moi la colline éternelle,
Alix, ô noble femme à l'amour tendre et fort...
Malgré ma chaude étreinte un jour Dieu l'a glacée,
Cette main de l'épouse, — et tu t'es élancée,
Ange que pour les cieux nous ravissait la mort !

Tu me laissais des fils, notre orgueil, notre joie...
Ils m'ont fui, pour courir dans cette austère voie
Où les a conviés l'exemple de Bernard.
Bernard, que préférait peut-être ma faiblesse,
Abandonne le toit des aïeux, et n'y laisse
Qu'un frêle adolescent à côté d'un vieillard.

Vous la rajeunissiez, notre antique demeure,
Mes fils ; et comme moi la voilà qui vous pleure.
Ingrats qui la quittez, elle vous aimait bien !
Trop petite autrefois, elle est immense et morne,
Silencieux désert, solitude sans borne
Où l'œil cherche, et s'égare, et ne rencontre rien.

Mâle voix des aînés au beau timbre sonore,
Rieuses voix d'enfants, qui chantiez dès l'aurore,
Comme chante au soleil le murmure des flots,
Mon âme à vos concerts souriait consolée.
— Tout se tait maintenant. La maison dépeuplée
N'entend plus que le bruit lugubre des sanglots...

                                        [Fin du mélodrame.]

NIVARD

Consolez-le, mon Dieu : son accent me déchire.
— Père...

TÉCELIN

Je m'oubliais ! Triste et sombre délire ;
Spectacle douloureux qu'il fallait t'épargner.
Non, mon cœur devant toi ne devait pas saigner.

NIVARD

Il souffre, et j'ai touché sa blessure profonde.
Il souffre... Cependant, restez-vous seul au monde ?
Pour vous prendre cinq fils le Seigneur a passé ;
Mais sous le toit désert n'a-t-il donc rien laissé ?

TÉCELIN

Hormis toi, rien, Nivard.

NIVARD

Et cet ange invisible
Dont nous sentons planer l'influence paisible ?
Oui, c'est en vain qu'au ciel le Seigneur t'appela :
Tu nous restes, ma mère, et nous te sentons là.
— Morte la joie au front, morte dans un sourire,
Elle garde en ce lieu comme un suave empire.
Moi, je lui parle encor ; — quelquefois à genoux.
Elle répond tout bas ; je l'entends. C'est bien doux.

TÉCELIN, à mi-voix,

O cœur pur !

NIVARD

Elle est là, toujours là, toujours mère.
Elle nous défendit de toute plainte amère
Quand Bernard...

(Técelin devient plus sombre.)

Non ; laissons ce triste souvenir.
— Bernard !... Et que sait-on ? S'il allait revenir !

TÉCELIN

Jamais !

NIVARD

Jamais ? Cette heure est peut-être prochaine.

TÉCELIN, vivement.

Tu saurais...?

NIVARD

Moi ? Rien.

TÉCELIN, abattu.

Rien !

NIVARD

Pourtant, qui les enchaîne ?
Entre eux et leur passé qu'ont-ils mis ? Un serment ?
Un vœu sacré ? Mais non. Pas même un vêtement.

Bernard à la vertu forme malgré son âge
Trente jeunes seigneurs du plus noble lignage ;
Mais tous marchent encor sous d'opulents habits.

TÉCELIN

Cœurs de moines, Nivard, sous l'or et les rubis.

NIVARD

Menant son père à la fenêtre ; — gaiement :

Enfin ! de Châtillon — cet espoir vous étonne (1) ?
Si bientôt vos cinq fils, quelque beau soir d'automne,
Revenaient au manoir par ce chemin poudreux ?
Oh ! quel plaisir alors de s'élancer vers eux !

Un silence.

Voyez le jour mourant dans sa paix calme et douce.
Là, le ciel tout en flamme ; ici, parmi la mousse,
L'éclat frais et charmant de nos dernières fleurs...

TÉCELIN

Hélas !

NIVARD

Grondant affectueusement.

Vous les voyez, mais à travers vos pleurs.
C'est mal !

TÉCELIN

Je vois, enfant, la forêt desséchée,
Et le chêne pleurant sa couronne arrachée.

NIVARD

Encor ! (Un temps.)
— Dieu soit loué !... Des moines-pèlerins.
Ils viennent au castel...
Oui, vraiment ! — Vos chagrins
Devront pour tout un jour... Oh ! l'heureuse fortune !
Que j'en bénis le ciel !

TÉCELIN

O visite importune !

NIVARD

Quel langage ! Est-ce vous, le grand hospitalier,
Chrétien aussi pieux que brave chevalier ?
Et ne sait-on pas bien qu'au manoir de Fontaines
Les hôtes dans un an se comptent par centaines ?

TÉCELIN

Je ferai mon devoir.

NIVARD

Avec entrain et animation.

C'est devoir, mais plaisir
Que d'entendre un saint moine enchaînant à loisir
Les récits merveilleux de ses pèlerinages.

TÉCELIN

Après avoir observé Nivard, — soudainement :

Nivard, éloigne-toi. — Ces dévots personnages

Passent le pont-levis et ne sauraient tarder.
Quand il faudra venir, je te ferai mander.
Tu m'entends ?

NIVARD

Mais cet ordre est fait pour me surprendre.

TÉCELIN

Je le veux.

NIVARD

Il suffit.

(Il sort.)

SCÈNE II

TÉCELIN

Si vous voulez le prendre,
Contre vous, ô mon Dieu, qui pourrait l'emporter ?
Mais ma tendresse au moins peut vous le disputer.
— On approche, il me semble.

Técelin se trouve à droite, premier plan ; les cinq moines entrent par
la gauche, troisième plan, au fond de la scène.

SCÈNE III

TÉCELIN, debout et appuyé sur le dossier de son fauteuil;
BERNARD, GUIDO, GÉRARD, ANDRÉ, BARTHÉ-
LEMY, vêtus en moines de Cîteaux.

TÉCELIN

Entrez, entrez, mes pères (2)!

(Il s'avance lentement vers eux à travers la salle.)

Dans les temps malheureux comme aux jours plus prospères
Je garde bon accueil aux serviteurs de Dieu.
— Dieu d'ailleurs nous a fait de la place en ce lieu.

BERNARD, s'avançant.

Nous venons...

TÉCELIN, le reconnaissant.

Quoi ! Bernard !...
                          — Mes fils ! Sous ce costume !
... Je devais épuiser la coupe d'amertume !...

Les dévisageant.

Oui, ce sont eux ! André !... Gérard !... Barthélemy...
Guido !... Tous !

(Il chancelle.)

BERNARD, à Guido.

Soutiens-le : tout son être a frémi.

TÉCELIN s'appuie un moment sur Guido. — Silence. — Puis il dit fiévreusement :

Bernard, expliquez-vous !

BERNARD, avec douceur.

Un moment !

TÉCELIN, impérieux.

Non, sur l'heure !
L'angoisse me tuerait. Parle.

BERNARD

En votre demeure
Aurais-je cru, mon père, apporter si grand deuil ?
Quand pour aller à Dieu nous en passions le seuil,
Si votre amour souffrant nous arrachait des larmes,
Votre héroïque foi nous laissait sans alarmes.
— Quoi donc ! Sur un retour pouviez-vous bien compter ?
Pour un temps au Seigneur pensiez-vous nous prêter ?

TÉCELIN, plus calme.

Je vous donnais, Bernard. — Mais ma tristesse amère
Nourrissait, caressait dans l'ombre sa chimère.
Je me disais : « Leur âge est ardent, mais léger...
L'appel semble d'en haut : — s'il était mensonger ?
— A Châtillon, d'ailleurs, ils sont ce que nous sommes :
Non pas moines encor, mais pieux gentilshommes.

Qu'un jour vienne à s'éteindre en leurs cœurs ce beau feu,
Ils rentrent parmi nous sans briser aucun vœu. »

Un silence. — Avec hésitation et tristesse.

Mais hélas! ton projet... ?

BERNARD, gravement.

Il est irrévocable.

ANDRÉ, bas à ses frères.

Voyez comme ce mot le confond et l'accable.

TÉCELIN

Expliquez-moi du moins quel est ce vêtement.

BERNARD

La robe de Citeaux.

TÉCELIN, éclatant.

C'est de l'égarement !
Un ordre que des saints ont trouvé trop austère !
Que condamnent ensemble et le ciel et la terre !

BERNARD

Qu'est-ce à dire ?

TÉCELIN

Cluny dès longtemps l'a jugé;
La famine et la peste hier l'ont ravagé (3).
Cette maison, Bernard, mais Dieu l'a décimée !

BERNARD

Mon père, — quand le glaive éclaircit une armée,
— Nous le tenons de vous, — c'est là qu'il faut courir :
Nous allons à Cîteaux.

TÉCELIN

Vous allez y mourir,

Rien de plus !

BERNARD, simple et ferme.

C'est beaucoup.

TÉCELIN

Son front reste impassible !

Brusquement.
— Qui t'a glacé le cœur ?

BERNARD, ému.

Si j'étais insensible
Défendrais-je à ce cœur, toujours prompt à faiblir,
Les longs épanchements qui ne font qu'amollir?
— Je me crains, et je veux garder tout mon courage.

TÉCELIN

Non, de l'esprit de Dieu ton plan n'est pas l'ouvrage !

BERNARD

Pourtant vous savez bien comme il nous l'a tracé.
Ce spectacle à vos yeux est-il donc effacé,

Mon père ? Ignorez-vous par combien de merveilles
Dieu consacra l'appel qu'entendaient nos oreilles ?
Ce souvenir en vous doit demeurer vivant.

TÉCELIN

Et peut-être, jouets d'un songe décevant,
Par le souffle d'en haut vous croyez emportée
Une âme que soulève une ardeur exaltée !

BERNARD

La douleur à ce point vous fait donc oublier !
Votre vaillante foi peut donc ainsi plier ?

A ses frères, très grave.

Il faut la soutenir, cette foi paternelle.
C'est pour nous un devoir, car l'heure est solennelle.
Eh bien, frères, contons, redisons tour à tour
Ces appels que daigna nous murmurer l'Amour,
Et, pendant que chacun narre sa chère histoire,
Nous supplierons le ciel

A son père.

qu'il vous incline à croire.

(Chacun vient en effet successivement, près du fauteuil de Técelin et au centre de la scène, dire son récit. Les autres restent debout, recueillis, en prière. Técelin écoute silencieusement et avec émotion.)

[Mélodrame.]

GUIDO

Tous ces coups triomphants, vous les savez déjà (4).
— Une épouse par vous m'avait été donnée
A qui mon cœur tout entier s'engagea.
Son âme vierge, à mon âme enchaînée
Semblait au bonheur même unir ma destinée.
Sans briser cet espoir, Dieu pourtant le changea.

« Jésus te veut ! A ce monde Il t'enlève.
Jésus te veut ! » Le céleste dessein
Me perçait, me blessait comme ferait un glaive ;
Et la révolte éclatait dans mon sein.

Mais Dieu, qui me voulait, voulait aussi l'épouse.
J'appris du divin Roi la tendresse jalouse :
« Pour rapprocher nos cœurs au delà du trépas
Le Maître te demande, ami, ta fiancée.
Plus haut que cette terre élève ta pensée ;
Va ! notre offrande un jour sera récompensée :
Nous pourrons de l'Agneau suivre ensemble les pas,
Et goûter mieux, après la souffrance passée,
Le virginal amour que la mort n'atteint pas. »

TÉCELIN

Ah ! Guido ! — Cette offrande, elle est sans repentance ?

GUIDO

Oui, mon père. Jésus met en nous la constance.
Puis il réunira ce qu'il a séparé.

TÉCELIN, avec effort.

Prenez-le donc, ô Dieu !... Mais toi, mon fils André ?

ANDRÉ

Guido quitte le centre de la scène ; André le prend à son tour.

Le Seigneur réclama bien moins de ma faiblesse.
Mais, chevalier déjà : « Faut-il que je vous laisse,
Disais-je, glaive ardent que mon bras fait briller?
De l'armure des preux faut-il me dépouiller ?
Mes beaux éperons d'or, faut-il que je vous laisse ?

> Conduire un généreux coursier
> Aux luttes où le sang ruisselle,
> Et, faisant jaillir l'étincelle,
> Choquer l'acier contre l'acier,
>
> C'était mon rêve ! Le murmure
> Répondait seul lorsque tout bas
> Bernard m'offrait une autre armure,
> Me proposait d'autres combats.

Or un jour qu'au Seigneur mon âme plus rebelle
Se jetait dans son rêve en bonds plus emportés,
Près de Bernard, ma mère... oh ! comme elle était belle !...
M'apparut dans un nimbe aux divines clartés.

> Ses yeux gardaient leur sourire modeste ;
Elle signait son front. C'était le même geste (5)

Qu'autrefois dans la mort elle avait commencé,
　　Et que soutint une vertu céleste
Dans son bras défaillant, par le trépas glacé.

　　... Et maintenant que le temps passe !
Quand vous me fuiriez tous, souvenirs qu'il efface,
　　　Un de vous aura survécu :
C'est toi, mère, c'est toi rayonnante de grâce;
　　　Car ton sourire m'a vaincu.

TÉCELIN, les yeux au ciel.

Alix, ô sainte femme à mes vieux ans ravie !...

　　(A André :)

　　Elle t'a dit l'ordre divin ?
Pour le Seigneur ta mère a réclamé ta vie ?

ANDRÉ

Vous le savez.

TÉCELIN, à André.

　　Hélas !... Je lutterais en vain. —
Et mon Gérard aussi ?

GÉRARD, même jeu.

　　Plus purs que votre frère (6),
　Votre cœur à l'amour cédait;
　Moi, j'essayais de me soustraire
　Au trait de feu qu'il me dardait...
　Un coup plus rude m'attendait.

17

Au fond d'une âme harcelée
Pour moins sentir l'âpre aiguillon,
Je me jetais dans la mêlée,
Dans la guerre et son tourbillon.

Dieu m'y suit. Bernard m'y visite,
Sur ma poitrine il met sa main,
« Frère, dit-il, ton cœur hésite :
Ici, Dieu frappera demain. »

Au point marqué d'une main sûre,
Le lendemain, mon sang coula.
La grâce entra par la blessure...
La cicatrice est encor là !

TÉCELIN

L'appel est manifeste, et Dieu parle à voix haute...
    — Pour toi, du moins, Barthélemy,
Le Seigneur est muet. Tu peux rester sans faute.
Oh ! reste, et mon foyer n'est désert qu'à demi.

BARTHÉLEMY, même jeu.

Nulle voix à mon oreille
N'apporta l'ordre des cieux,
Il est vrai ; nulle merveille
Ne vint dessiller mes yeux.

Mais au ruisseau qui serpente
Dans notre tiède vallon,
Dit-on de suivre sa pente
A l'abri de l'aquilon ?

Qu'un danger soudain rassemble
Vos troupeaux saisis d'effroi,
Dirai-je à l'agneau qui tremble :
« A ta mère attache-toi ? »

Et je voudrais un miracle
Pour aller à vous, mon Dieu !
Sans prodige, sans oracle,
Je m'élance au Tabernacle,
Tout mon cœur vole au saint lieu.

(Fin du mélodrame.)

TÉCELIN, lentement.

O Maître, je l'avoue : elles sont convaincantes
Ces paroles de flamme et ces voix éloquentes.

BERNARD, à Técelin.

Pour moi, dans Châtillon, un éclair a brillé,
Et le voile du temps soudain s'est reployé...

(Le mélodrame reprend, mais plus majestueux.)

Le monde souffre ; un mal terrible nous travaille.
Sous nos crimes, fardeau trop prompt à s'aggraver,
Il semble qu'aujourd'hui la chrétienté défaille,
Près de périr, — si Dieu ne voulait la sauver.

Partout l'indépendance, imprudente devise,
Isole dans l'orgueil, affaiblit et divise.
La guerre va courant de castel en castel ;

Sur notre sol ému en son fracas tourbillonne.
On se hait sourdement de couronne à couronne
Et l'hérésie enfin dresse autel contre autel.
L'unité disparaît, la gerbe s'éparpille.
Notre Europe n'est plus cette grande famille
A qui Dieu donne un chef dans le Pape immortel.

Cette famille sainte, il faut qu'on la refasse ;
Que son chef abaissé dicte plus haut la loi,
Que des rois il devienne et l'arbitre et le Roi,
Que d'un bras souverain il soufflète à la face
Les superbes erreurs qui menacent la foi.

Dans nos plaines, partout de sang chrétien rougies
S'égarent trop d'ardeurs, de mâles énergies.
Il faut les réunir, les nouer en faisceau.
En de justes combats Dieu les veut dépensées,
Par Rome et son Pontife en Orient lancées
Pour reprendre du Christ la tombe et le berceau (7).

Oui, le cœur du monde est à Rome.
Pour y grouper la chrétienté,
Pour cette œuvre de l'unité,
Dieu, qui daignait chercher un homme,...

En baissant la tête.

Sur mon néant s'est arrêté.

TÉCELIN

Sur toi, mon fils !

BERNARD

Oh ! oui, que ce choix vous confonde,
Car votre étonnement n'atteint pas ma stupeur.
Je n'ai point le talent trompeur
Où l'orgueil espère et se fonde ;
Je sais, je touche au doigt ma misère profonde,
Mais m'assurant sur Dieu, sur Dieu seul, j'ai moins peur.

Que suis-je ? Cœur aimant jusques à la faiblesse (8),
Je ne marche ici-bas qu'appuyé sur autrui.
Corps débile, à vingt ans je connais la vieillesse.
Voilà sur quel roseau votre auguste noblesse,
Église de mon Dieu, trouvera son appui !
Béni soit le néant où le Seigneur me laisse :
Les hommes connaîtront que ma force est de lui.

Quand je frémis devant l'immense ouvrage
Un souvenir relève mon courage :
C'est qu'en d'autres destins je plaçais mon bonheur.
Dieu le sait : me tirer de l'ombre et du mystère,
Comme une torche ardente illuminer la terre,
Je n'avais point rêvé cet accablant honneur.
Hélas ! J'eusse été mieux cette lampe allumée
Qui vit, s'épuise et meurt doucement consumée,
Brille devant la Vierge et son image aimée,
Ou dore d'un rayon la prison du Seigneur...

Un silence.   (Fin du mélodrame.)

Mon père, vous savez notre haute entreprise.
Votre foi, n'est-ce pas, votre foi l'a comprise ?

Faibles hommes, c'est Dieu qu'il nous faut seconder.
Il réclame vos fils. — Voulez-vous les céder ?

TÉCELIN

Lentement, et après un silence.

Oui. Sa volonté parle et se fait trop comprendre.
Mais sa main vous donna : sa main peut vous reprendre.
Soit. Dans cette amertume il m'est doux de finir ;
A votre sacrifice il m'est doux de l'unir.

BERNARD, ému.

Je vous reconnais là, cœur vaillant, cœur fidèle,
Jusqu'au bout de vos fils la gloire et le modèle.
Si notre âme est ardente à servir le Seigneur,
C'est à vous, bien à vous qu'en reviendra l'honneur.

TÉCELIN

Il est vrai. Je me plains du douloureux calice,
Et de Dieu contre moi je fus un peu complice :
Je vous ai faits chrétiens.

Énergique.

    Quand vous allez partir
Honte à moi, si j'osais tout bas m'en repentir !
Non, non. Marchez, enfants. A Dieu je vous envoie...
Il mêle à mes douleurs comme une austère joie.

[Mélodrame]

Chevaliers de son nom, pour sa querelle armés,
Le soldat vous bénit...

Tous s'agenouillent. Técelin continue, plus ému, en étendant les mains sur les cinq moines prosternés :

        Mes fils !... Mes bien-aimés !...
Oh ' moment du départ ! Scènes par trop cruelles !
Les voilà prosternés sous mes mains paternelles,
Et je semble au linceul déposer mes enfants !

BERNARD

Se relevant ; avec enthousiasme.

Oui, nous sommes des morts! mais des morts triomphants !

        [Fin du mélodrame.]

— Mes frères, achevons, et d'un cœur intrépide.
Père, adieu.

TÉCELIN

    Quoi ! Tu veux un départ si rapide ?

BERNARD

Il y faudra venir. A quoi bon prolonger
Ces terribles instants ? Non ; mieux vaut abréger.

TÉCELIN

    Après un silence.
Soit.

    (Il embrasse lentement ses fils.)

Mon André... Gérard ! — Qu'elle est dure, cette
                       [heure!

    A Guido.

Et toi, mon premier-né !

A Barthélemy.

Mon cher fils !

En embrassant Bernard.

Si je pleure,
Bernard, trop cher enfant, le coupable c'est toi.

BERNARD

Le coupable est au ciel ; il est plus grand que moi.

A tous.

Marchons. Voici l'instant. — Adieu, demeure sainte ;
Merci pour les beaux jours passés dans ton enceinte.
— Pour vous nous la quittons, habitez-la pour nous,
Jésus, consolateur très aimable et très doux.

Regardant son père avec tendresse.

Remplacez-lui, mon Dieu, les bonheurs éphémères.
Qu'avec Vous dans son deuil l'assistent nos deux mères :
Celle qui Vous porta, celle que nous pleurons.

Se rapprochant de son père et lui parlant.

Car elle est là toujours ; et sa main sur nos fronts
Forme peut-être encor la croix accoutumée.
Je vous mets en partant sous son égide aimée.
Courage, soyons forts : c'est pour Dieu.

BARTHÉLEMY

Mais, Bernard,
Pouvons-nous bien partir sans embrasser Nivard ?

TÉCELIN

Je l'appelle.

BERNARD

Ici ? non. Votre âme est épuisée.
Par cette scène encore elle serait brisée.

TÉCELIN

Prenant la main de Bernard et le regardant fixement ; avec un cri passionné :

Bernard ! — Laisse-le moi !

BERNARD

Je puis vous l'assurer :
Dieu veut vous réunir, et non vous séparer.

(Ils sortent. Técelin reste immobile et les suit du regard.)

SCÈNE IV

TÉCELIN

S'en vont !... Ils s'en vont... et déjà sur les dalles
S'affaiblit, plus lointain, le bruit de leurs sandales.
... Mon cœur broyé les suit, mais lambeau par lambeau.
Moi, je reste, vivant qu'emprisonne un tombeau...
Seigneur, exaucez-moi : que ma mort soit prochaine !
Quand sa forte ramure est ravie au vieux chêne,

17.

Il languit tristement, il est prompt à périr...
Désormais, pourquoi vivre ? Oh ! faites-moi mourir !
Nivard est le seul nœud qui me retienne encore.
C'est lui.

SCÈNE V

TÉCELIN, NIVARD, entrant avec embarras.

TÉCELIN, assis.

Viens, mon enfant.

NIVARD, à part.

Mon Dieu, je vous implore.

TÉCELIN

Tu les as vus ?

NIVARD

Oui, père.

(Il s'approche lentement du fauteuil.)

TÉCELIN

A jamais privés d'eux,
Nivard, il faudra vivre et nous suffire à deux.

NIVARD

Hélas!

TÉCELIN, *tristement.*

Cet avenir pour moi seul a des charmes.

Un silence. — Il prend les mains de Nivard et les contemple.

Je n'ai plus que ces mains pour essuyer mes larmes,
Je n'ai plus que ces mains pour me fermer les yeux.

NIVARD

Mon père...

TÉCELIN

Enfin, pourquoi cet air mystérieux ?

NIVARD

Pourquoi ? — Sachez-le donc. — Auprès de la chapelle
Je les ai rencontrés. Là, Guido m'interpelle :
« Petit frère Nivard, regarde tous ces biens (9),
Ces plaines, ces grands bois, ce manoir : ils sont tiens. »

TÉCELIN

Mais toi ?

NIVARD

J'ai répondu, — je ne puis vous le taire :
« Quoi ! Vous prenez le ciel et me laissez la terre !
Le partage est injuste et par trop inégal. »

TÉCELIN

Après un silence.

Nivard.., tu veux les suivre ?

(Nivard baisse la tête.)

Oh ! c'est mal ! c'est bien mal.

NIVARD

A la force d'en haut puis-je bien me soustraire ?
Le Seigneur m'a saisi quand me parlait mon frère.
Mon cœur, en un moment agrandi sous sa main,
A senti le néant de tout bonheur humain :
Il lui faut Dieu.

TÉCELIN

Partir ! C'est cruel et barbare.
Partir ! M'abandonner !

Avec colère.

Ainsi Dieu nous sépare,
Et Bernard me mentait !

NIVARD

Il ne vous mentait pas.

TÉCELIN

Tu restes ?

NIVARD

Non.

TÉCELIN

Eh bien ?

NIVARD

Vous viendrez sur mes pas.

TÉCELIN

Moi !

NIVARD

Vous.

TÉCELIN

J'ai soixante ans, mon fils : quelle risée... !

NIVARD

Le cœur n'a point vieilli si la force est brisée.
— Sous la robe il est mort plus d'un guerrier fameux.
C'est finir noblement. Vous finirez comme eux.

TÉCELIN

Quel discours assuré ! cet accent me pénètre...
— Jadis, quand je croyais tout vous donner, ô Maître,
Je pressentais en Vous comme un dernier désir.
Pour couronner mes dons, voulez-vous me choisir ?

[Mélodrame jusqu'à la fin de l'acte.]

Técelin se lève :

O notre sainte, ange de la famille,
Soutiens, après les fils, le père combattu.
A mes yeux incertains que la lumière brille.
Daigne répondre ! O sainte, que veux-tu ?

Silence. — Nivard prie à genoux, Técelin debout. Le mélodrame continue. — Técelin reprend :

> Une clarté pure et sereine
> Dans mes pensers chasse la nuit.
> Une voix douce et souveraine
> Dans mon âme parle sans bruit.

A Nivard.

Eh bien, j'aurai ma part dans ce grand holocauste.
   Enfant, je te suivrai (10).
Je ne puis que mourir : du moins, au divin poste
   Pour mon Dieu je mourrai.

Nivard se jette dans ses bras. — Il l'étreint; puis continue :

> Pareil à ce jour qui décline
> C'est un nom pur qui va périr :
> A vous, Seigneur, cette ruine.
> C'est un sang pur qui va tarir :
> A votre Majesté divine
> L'orgueil humain saura l'offrir.

Au moment où Técelin disait : Pareil à ce jour.... Bernard et ses frères sont entrés doucement par le fond, et ont fait signe à Nivard de ne pas les trahir.

Au dernier vers, Técelin les aperçoit.

SCÈNE VI

TÉCELIN ET TOUS SES FILS

TÉCELIN

Comment ! Vous revenez !

GUIDO, souriant.

Voir triompher la grâce.

GÉRARD

Désignant Bernard.

Le ciel de ce triomphe a daigné l'avertir.

ANDRÉ

Et de vos fils quand vous suivez la trace
Combien joyeux nous allons repartir !

BERNARD, à Técelin.

Dans tous les yeux voyez l'allégresse qui brille.
Dieu fit couler vos pleurs; Il veut les essuyer.
Sa main, qui la brisa, refait votre famille,
Mais autour de l'autel et non plus du foyer.

BARTHÉLEMY

Longtemps vous avez bu dans une coupe amère,
Mais au fond sa bonté met la douceur du miel.

TÉCELIN

Au milieu de ses fils, la main sur l'épaule de Nivard qui se tient
devant lui.

Le père et les enfants, pour rejoindre la mère,
Vont cheminer ensemble, ensemble aller au ciel.

FIN.

Aberdovey (pays de Galles), janvier 1883.

NOTE 1

SCÈNE I

Enfin, de Châtillon, — cet espoir vous étonne ?

Saint Bernard, avec ses frères et plusieurs jeunes gens, s'était d'abord retiré à Châtillon, y menant une vie pieuse et retirée, sans pourtant renoncer définitivement au monde.

NOTE 2

SCÈNE III.

... Entrez, entrez, mes pères.

Cette visite d'adieu est historique. Le P. Ratisbonne la raconte en détail (*Histoire de saint Bernard*, tome I, p. 140-143.)

NOTE 3

La famine et la peste hier l'ont ravagé.

Ces détails sur Cîteaux sont également vrais.

NOTE 4

Tous ces coups triomphants, vous les savez déjà.

L'histoire de ces vocations est empruntée au R. P. Ratisbonne. On n'a fait qu'abréger les récits de l'auteur.

NOTE 5

... C'était le même geste
Qu'autrefois dans la mort elle avait commencé.

La bienheureuse Aleth de Montbar, femme de Técelin le Roux et mère de saint Bernard, mourut en ébauchant un signe de croix, et son bras resta quelque temps suspendu, soutenu par une force surnaturelle. — Elle apparut à son fils André, dont elle décida ainsi la vocation.

NOTE 6

Plus purs que votre frère... etc.

C'est ce Gérard qui a inspiré à saint Bernard une si touchante oraison funèbre. — La blessure prédite par le saint n'est point une fiction poétique.

NOTE 7

Pour reprendre du Christ la tombe et le berceau.

Seconde croisade ou croisade de saint Bernard. — Tout ce passage expose l'état de la chrétienté et la mission du saint.

NOTE 8

Que suis-je ? Cœur aimant jusques à la faiblesse,
Je ne marche ici-bas qu'appuyé sur autrui.
Corps débile, à vingt ans je connais la vieillesse...

Voir l'oraison funèbre de Gérard par saint Bernard. — ... *Infirmus corpore eram, et ille portabat me ; pusillus corde eram, et confortabat me... (Destitutus sum) te baculo imbecillitatis meæ.*

On y voit aussi son amour de la solitude, dont Gérard, en expédiant les affaires, lui permettait de jouir. Partout enfin éclate l'étonnante tendresse et la sensibilité passionnée de cette grande âme.

... Avulsa sunt viscera mea a me, et dicitur mihi : Ne senseris! Sentio, sentio vel invitus, quia nec fortitudo lapidum fortitudo mea, nec caro mea ænea est...

Affectum meum confessus sum et non negavi. Carnalem quis dixerit : ego humanum non nego, sicut nec me hominem. Si nec hoc sufficit, nec

carnalem negaverim. Nam et ego carnalis sum. . Non sum, fateor, insen-
sibilis... Mortem horreo meam et meorum... Afficior graviter, quia vehe-
menter amo. Et nemo mihi molestus sit, dicens non debere sic affici.
(Saint Bernard, *In Cantica, Sermo* xxvi.) Tout le passage est admirable.

NOTE 9

SCÈNE V.

Petit frère Nivard, regarde tous ces biens...

C'est en s'éloignant après leur visite d'adieu que Bernard et ses
frères rencontrèrent Nivard, qui jouait dans la cour du château. La
réponse de Nivard est conservée mot pour mot dans ces vers.
(Ratisbonne, I, 143.)

NOTE 10

Enfant, je te suivrai.

En effet, Técelin alla, mais un peu plus tard, se réunir à ses fils, et
mourut entre leurs bras.

LA MENNAIS

La Mennais appartient à l'histoire, — et par consé-
quent à la poésie. On a donné sur sa vie les détails les
plus intimes ; sa correspondance nous a livré son âme.
— D'ailleurs si ce drame peint le prêtre tombé, il ne le
prend pas au plus bas de sa chute. L'épisode même qui en
forme le fond est, en somme, honorable à cette grande et
triste mémoire.

Voici comment le raconte un récent historien de La
Mennais.

« Vers 1835, il reçut une étrange visite. C'était quelque temps après la publication des derniers livres, qui
avaient si bruyamment proclamé sa défection. Mais ce bruit
toutefois n'avait, paraît-il, pu pénétrer chez un brave juif
allemand, en train de lire l'*Essai sur l'Indifférence.*

« Or il advint qu'ébranlé par les démonstrations de
l'écrivain catholique, l'israélite quitta son pays pour venir
chercher les derniers éclaircissements auprès de l'homme
qui avait si puissamment remué sa conscience. Mais quoi ?
l'auteur de l'*Essai* était déjà l'auteur des *Paroles.*

« Il écouta cependant avec tristesse son visiteur, et au
lieu de le détourner de son dessein, il le renvoya à l'abbé
Auger, vénérable prêtre de Notre-Dame.

« Quand le visiteur fut sorti, La Mennais entra dans un

morne silence, qu'il garda obstinément pendant plusieurs jours » (A. Ricard, *La Mennais et son école*, 1881, Didier, page 357.)

Nous avons transformé le Juif en un jeune catholique chez qui la foi s'est obscurcie.

Béranger figure dans ce drame : Sainte-Beuve a peint l'étrange intimité du chansonnier et du prêtre dévoyé. Un livre a été écrit sur cette amitié bizarre. On sait quel empire Béranger exerçait sur La Mennais, jouant auprès de lui, selon sa propre expression, « son métier de diable. »

Les notes qui suivent la pièce justifient un grand nombre de détails. Nous pensons qu'elles intéresseront les lecteurs sérieux.

PERSONNAGES

Hugues-Félicité ROBERT de La MENNAIS (54 ans).

BÉRANGER (56 ans).

Conrad SPIEGEL (23 ans).

ALAIN (50 ans).

A Paris, chez La Mennais. (Au coin de la rue du Vingt-Neuf Juillet et de la rue de Rivoli.) Janvier 1836.

LA MENNAIS

SCÈNE I

LA MENNAIS (Longue robe de chambre brune chamarrée de rouge,
toque noire (1). ALAIN.

La Mennais est assis. Alain entre une lettre à la main.

ALAIN

Une lettre, Monsieur.

LA MENNAIS, lisant l'adresse
« A Monsieur de La Mennais à Paris. »

A Paris ! Rien de plus ?
Point de rue !

ALAIN

Oh ! ce sont des détails superflus.
N'êtes-vous pas fameux ?

18

LA MENNAIS, à mi-voix.

Pesante renommée !

O vanité !

ALAIN, à part.

Toujours sa plaie envenimée !
Toujours ce pauvre cœur de remords déchiré !

LA MENNAIS

Le timbre est de la Suisse... Un village ignoré...

Ouvrant et courant à la signature.

Conrad Spiegel. — Enfin ! — Mais que me veut cet homme ?

Il lit :

« Révérend Monsieur,

« J'ai lu et médité votre grand et magnifique ouvrage... »

S'interrompant.

Les Paroles ? — Ou bien *Les Affaires de Rome* (2) ?

Lisant.

« Ce livre m'a pénétré jusqu'au fond de l'âme. Il m'a
bouleversé. — Il faut que je m'entretienne avec vous,
que je vous ouvre mon cœur. Je quitte ma vallée et je
pars pour Paris, que je n'ai jamais vu, mais où je ne dé-
sire voir que vous. Je suivrai de près cette lettre. Votre

adresse m'est inconnue : qu'importe? Paris, la France,
l'Europe savent votre nom. »

Déposant la lettre et pensif.

C'est bizarre.

(Un long silence.)

ALAIN, s'approchant et montrant la cheminée.

Monsieur ?... Toujours sans feu ?

LA MENNAIS

Toujours.

ALAIN

Pourtant...

LA MENNAIS

Chaque matin c'est le même discours,
Alain. — N'insiste pas. Je le connais, de reste.

ALAIN

Mais vous savez combien le froid vous est funeste.

(On entend un piano d'un appartement voisin jouant un air de romance bretonne.)

LA MENNAIS, tressaillant.

Écoute!... Oh! ce vieil air mélancolique et doux!
Un de nos chants bretons!

ALAIN, écoutant.

C'est un air de chez nous.

LA MENNAIS, triste et rêveur.

Maurice et Kertanguy nous le disaient ensemble (3).

Il se lève et se promène.

Quel souvenir, Alain !

Un silence. — Lui saisissant le bras :

Écoute.

ALAIN, à part.

Sa main tremble.

LA MENNAIS, se rasseyant, se parlant à lui-même.

(Alain reste au fond.)

[depuis.

Trois ans (4) ! — Rien que trois ans ? — Non ; trois siècles
Un abîme ! — A ce chant, tous les beaux jours enfuis
Reviennent... La Chesnaye... Oui, le bois solitaire,
L'étang mélancolique où planait le mystère (5),
L'eau sombre qu'on voyait sous la brise frémir,
Et ces pins sous lesquels j'aurais voulu dormir,
Ce sol où mon bâton me dessinait ma tombe (6).

L'air s'achève : Tout meurt, tout finit, tout succombe.
— Il reprend ! — De nouveau je me sens envahir.
A ce charme des sons faut-il donc obéir ?
Et pourquoi ces tableaux ? Le vallon, les mélèzes (7)
Et Saint-Malo là-bas ; les grèves, les falaises,
La grande mer au loin sous les feux du soleil
Comme dans la fournaise un bouclier vermeil.

Un temps; plus bas :

... Ma chapelle rustique,

ALAIN, timidement.

Et le matin, la messe
Au point du jour.

LA MENNAIS, tressaillant ; irrité.

Alain ! — Tiendras-tu ta promesse ?

ALAIN

Ah ! j'oubliais !   (A part.)
J'ai soin d'oublier quelquefois.

LA MENNAIS

Non, non, c'est à dessein, je le sens, je le vois.

A lui-même.

— Je suis pauvre : il me sert, il me reste quand même,
Sans gages; est-ce donc...?

ALAIN, avec effusion.

Ah ! c'est que je vous aime,
Mon maître ; et jusqu'au bout je veux rester ici ;
Et si vous me chassiez... — je reviendrais !

LA MENNAIS, attendri.

Merci ;
18.

Merci, mon brave Alain. — Mais sois franc : ta pensée
C'est de me rappeler l'existence passée...?

ALAIN

Les jours de la Chesnaye où vous étiez heureux.

LA MENNAIS, sombre.

Moi ? Jamais. Tous mes jours ont été douloureux.
— Donc, tu nourris l'espoir que je change ma vie,
Que je revienne ?...

ALAIN, après hésitation.

Eh bien, oui, c'est là mon envie.

LA MENNAIS

Tu veux de temps en temps, par un mot dit tout bas,
Réveiller dans mon sein des regrets, des combats ?

ALAIN, timide.

J'en conviens.

LA MENNAIS, se levant soudainement; courroucé.

Ah ! c'est vrai ?

ALAIN, à part.

Qu'ai-je dit ? Mot funeste !

LA MENNAIS

Ah ! tu prétends m'ôter le seul bien qui me reste,

L'oubli ; l'oubli ! — Tu veux m'empoisonner le cœur,
Goutte à goutte y verser comme une âcre liqueur,
Ces mots qui tous les jours grandiraient mon supplice !
Et Jean dans ces projets sans doute est ton complice ?

ALAIN

Votre saint frère ? — Eh bien, nous vous aimons tous deux (8)
Et vos nouveaux amis... je ne médis point d'eux,
Mais votre Béranger... (9)

LA MENNAIS

Il n'a pas su te plaire ?

ALAIN

Non.

LA MENNAIS

Non ? c'est trop oser. Et je sens la colère...

Un temps. — Agité :

Ainsi Jean t'a prié de rester près de moi,
Pour parler du passé, du pays... de la foi...

Sarcastique.

Ah ! la foi !

ALAIN

Vous riez !

LA MENNAIS, froidement.

Belle et noble chimère (10).

ALAIN

Allez, vous riez faux...

LA MENNAIS

J'ai l'ironie amère ?
Je regrette le joug de la crédulité,
Alain ?

ALAIN, résolu.

Répondez-moi la franche vérité.
Oseriez-vous, Monsieur, vous docteur, vous mon maître,
Me dire : Ne crois plus, et me damner peut-être ?
Seigneur ! Oter l'espoir à votre vieil Alain !
Je serais malheureux comme un pauvre orphelin !

Allant à lui et le regardant en face.

Non, vous ne direz pas ce mot qui perd une âme,
Car vous sentez en vous un remords qui vous blâme.
Ah ! la foi, vous l'avez.

(La Mennais fait un geste d'impatience.)

Par grâce, écoutez-moi.
Pour l'abstinence... eh bien, vous observez la loi (11);
Et, quand la cloche sonne annonçant le dimanche,
Vous ne gravissez plus l'autel en aube blanche,
Hélas, non ; — mais debout, à l'ombre d'un pilier,
Entraîné par l'attrait qu'on ne peut oublier...

LA MENNAIS, qui s'est promené fiévreusement ; irrité et se retournant :

Alain, sors à l'instant ! — Mais quelle audace extrême !

ALAIN

Ah ! c'est vrai ! Pardonnez ; songez-y : je vous aime,
Je vous aime, et j'ai peur, et je vous vois souffrir,
Et je pense qu'un jour... il faudra bien mourir.

LA MENNAIS, furieux.

Sors d'ici !

SCÈNE II

LA MENNAIS

L'insolent ! L'insolent ! — Qu'il s'éloigne,
Qu'il parte ! — Je le veux.

S'asseyant ; pensif.

Il me sert, il me soigne ;
Puis-je d'un tel affront payer son dévouement ?
Que faire ? — Moins fidèle, il pouvait aisément
Me quitter, arriver par son intelligence,
Enfin monter plus haut... Il subit l'indigence...
— Quelqu'un ? — Ah ! Béranger.

SCÈNE III

LA MENNAIS, BÉRANGER

Il entre en familier, sans façon ; un rouleau d'épreuves sous le
bras. — Canne, pardessus ; chapeau à larges bords.

BÉRANGER

Bonjour !

Inspectant la chambre.

Un foyer mort,
Par ce temps !

LA MENNAIS

Il fait froid ?

BÉRANGER

Mais il gèle, et très fort !
Quel homme! Pas de feu ! Quelle raison bizarre...?

Les bras croisés devant La Mennais.

Êtes-vous un ascète, — êtes-vous un avare ?

LA MENNAIS

Ni l'un ni l'autre.

BÉRANGER

Alors... trop fier et trop discret
Peut-être cachez-vous un pénible secret ?
Croyez à l'amitié ; permettez qu'elle agisse.
On est pauvre... Eh ! mon Dieu, faut-il qu'on en rougisse?

LA MENNAIS

Votre amitié s'égare.

BÉRANGER

Est-ce vrai ? — Mais morbleu,
Pourquoi ce logis triste et ce foyer sans feu ?
Le motif?

LA MENNAIS, après une hésitation, presque timidement.

Vous aimez les brunes hirondelles,
Béranger ? Ces oiseaux à leurs nids si fidèles,
Que votre muse un jour...

BÉRANGER, souriant.

Ma musette (12) !

LA MENNAIS

...a chantés.

BÉRANGER, étonné.

Je ne saisis pas bien le rapport...

LA MENNAIS

Écoutez.
Un couple a pour son nid choisi ma cheminée.
Vous comprenez. Je crains... — Quelle mine étonnée !

BÉRANGER, le regardant avec compassion.

Mon pauvre La Mennais !

LA MENNAIS

Oui, vous me croyez fou.

BÉRANGER

Mais votre oiseau frileux a fui, je ne sais où,
Le nid reste désert ; janvier sévit, il gèle :
Et vous grelotterez... pour un nid d'hirondelle !

LA MENNAIS

La voyageuse un jour reviendra dans ce lieu
Et son berceau détruit...

BÉRANGER, ironique.

          Certes ! Voyez un peu
Le désastre fatal, l'horrible catastrophe !
— Et l'Europe, Féli, vous nomme un philosophe !
Et vous-même, dupé par ces beaux sentiments,
Vous admirez beaucoup ces attendrissements ?
— Voyez-vous ! sans broncher on rompt avec l'Église ;
On maudit Pape et rois, on trouble, on scandalise ;
On dépouille sa robe, on la met en lambeaux,
On répand l'incendie avec les saints flambeaux (13),
Longtemps soldat de Rome, on se détache d'elle...
Et l'on s'arrête ému devant une hirondelle !
Non, je n'admire pas ! — La sensibilité,
Très bien ; mais l'âme forte et la belle santé !
Je hais l'émotion maladive et malsaine.

LA MENNAIS, sèchement.

Et vous êtes venu pour me faire une scène ?

BÉRANGER

Je vous aime, et suis franc. C'est un pacte entre nous.
Vaut-il mieux vous flatter, moins sincère et plus doux ?
     Lui tendant la main.
Vous pardonnez ?

         (La Mennais lui donne la main négligemment.)

D'un ton paternel.

Voyons, plus de mélancolie !

LA MENNAIS

Ah ! mon ami !

BÉRANGER

Quoi donc ! se ronger est folie.

LA MENNAIS

Mais la tristesse aride est ma nature à moi !
Mais souffrir est mon lot, mais pleurer est ma loi !
Breton, fils d'un pays où la voix nonchalante
Tourne la chanson même en complainte dolente,
La tristesse veillait auprès de mon berceau.
Le chagrin me marquait, et j'en porte le sceau.
Mon esprit dès l'enfance habitant les ténèbres,
S'emplissait de terreurs et d'images funèbres,
Fantômes entourés de longs suaires blancs,
Squelettes, cachots sourds, spectres muets, sanglants !

BÉRANGER

Quel cauchemar !

LA MENNAIS

Je suis le familier des tombes.

BÉRANGER

Allons, « chauves-souris, faites place aux colombes (14) » !

19

Oh ! ces rêveurs du Nord, Ossians nébuleux !
Vive le beau ciel clair et les horizons bleus !

LA MENNAIS

Que vous dire ? La mort me fascine et m'appelle.
Souvent, à la Chesnaye, auprès de la chapelle
Je regardais le sol, et las de mon fardeau,
« Que je serai bien là ! » répétais-je... « *O quando* (15) ? »

BÉRANGER

Mais parfois, dissipant ces ombres ténébreuses,
Le franc rire gaulois... (16)

LA MENNAIS

          J'ai des gaietés fiévreuses,
Oui ; de brusques accès écartant le chagrin ;
Des éclairs dans la nuit ; — jamais un jour serein.

BÉRANGER

Aussi, vous aimez trop la solitude austère !

LA MENNAIS, hochant la tête.

L'amitié n'y peut rien. Exilé sur la terre,
Mon cœur est cuirassé, recouvert d'un linceul
Et nul n'a pu l'atteindre. Il est seul, oh ! bien seul (17) !

BÉRANGER

Mais égayez l'esprit du moins : on le dissipe,
On l'amuse ! Gaité : santé ; c'est mon principe.

LA MENNAIS

(La tête dans ses mains.)

Ni le cœur ni l'esprit. — Pauvre cerveau souffrant !
C'est ou l'hiver de glace ou l'été dévorant ;
Fièvre ou torpeur ; — jamais les saisons nuancées,
Le printemps ou l'automne, au ciel de mes pensées.
Non. Le soleil torride, ou les sombres autans.
— Laissez pleurer celui qui n'a plus de printemps (18).
Laissez-le contempler sous le vent qui la fouette
La mer grondant au loin ; puis la blanche mouette
Tournoyant sous la nue avec des cris de deuil ;
Le flot sourd et pesant qui se brise à l'écueil,
L'hirondelle qui fuit le rasant de son aile
Et l'Océan sinistre en sa plainte éternelle (19)...
— Et voilà quels tableaux m'enchantent, mon ami !
Mais je rêve tout haut !

BÉRANGER

Et sans être endormi !
— Ne vous repentez pas de cette confidence
Puisque vous consultez ma petite prudence
Et qu'enfin près de vous j'ai ce rôle flatteur

En riant.

Moi, si laïque hélas ! d'être un peu directeur (20) !

Un silence.

Vous avez dû rimer ?

LA MENNAIS

Moi ? De la poésie ?
Non. — Si pourtant, un jour, deux vers par fantaisie.

BÉRANGER, curieusement.

Dites !

LA MENNAIS, cherchant dans ses souvenirs.

... Ses deux gros yeux stupidement ouverts (21)
Ne voyaient rien, ou voyaient de travers.

BÉRANGER

Mais qui dépeignez-vous ?

LA MENNAIS

La raison personnelle.

BÉRANGER

J'entends ! — Le cher système ! — O fibre paternelle !
— Mais ce joli début devait vous animer !
... Deux vers ! Le minimum, quand on prétend rimer !
Jamais d'autres ?

LA MENNAIS

Jamais.

BÉRANGER

Tant pis. Je le regrette
Car de nous deux, mon cher, vous êtes le poète (22).

Un peu fou, du génie, et de profonds accents.
— Moi, j'ai le métier seul, et le grain de bon sens.

LA MENNAIS, le regardant avec envie.

Toujours cette gaieté féconde, intarissable !

BÉRANGER

Encor ! — Guérissez-vous !

LA MENNAIS

Je suis inguérissable.

BÉRANGER

Allons, secouez-moi cette molle langueur !

LA MENNAIS

Mon mal est trop profond. C'est une plaie au cœur (23).

BÉRANGER

— Bah ! c'est sous votre crâne une énorme écritoire !
Votre mélancolie ? Eh ! c'est de l'encre noire.
Achetez du papier, que l'encre y coule à flots
Et soudain tout s'enfuit, soupirs, chagrins, sanglots.
Le papier se noircit et l'âme s'illumine.
Écrivez !...

LA MENNAIS

Quoi ?

BÉRANGER

N'importe. — Allez, creusez la mine.
Mais vous avez un goût : c'est de prophétiser (24).
Marchez. Le temps est là pour nous désabuser.
Osez tout. Produisez quelques apocalypses ;
Annoncez du progrès les funèbres éclipses,
Un cataclysme affreux, et des trônes croulants,
Des chaînes, de la nuit, et des éclairs sanglants (25) !
Puis vite, publiez la brochure nouvelle :
Vous aurez rafraîchi votre ardente cervelle !
Voilà. — Mais tout d'abord, aidez-moi, s'il vous plaît.
Les saints versets demain, aujourd'hui le couplet.
J'édite un gros recueil de chansons toutes neuves.
Vous allez, n'est-ce pas, parcourir mes épreuves ?

En les posant sur le bureau.

Le vers est ciselé, — le fond gai, — positif,
Très peu méditatif et nullement plaintif.

LA MENNAIS, feuilletant et riant.

Et libertin toujours ! après la cinquantaine !

BÉRANGER, rêveur.

Hélas ! oui, la jeunesse est déjà bien lointaine !

LA MENNAIS, soudainement.

Ah ! Béranger !

BÉRANGER, reprenant les feuilles pour les lire; avec satisfaction.

C'est vif.

LA MENNAIS, sans indignation, en le regardant.

Êtes-vous polisson !

BÉRANGER, enchanté.

Cela rime si bien : polisson et chanson!

En remettant sur la table les feuilles il fait tomber la lettre de Conrad.

Mille excuses !

Il la relève.

LA MENNAIS

Au fait, lisez donc.

BÉRANGER, en lisant la lettre.

Incroyable !...
... Quelque fou !... Voilà certe une histoire impayable.

En se levant.

Je dois sortir. Jetez un coup d'œil seulement ;
Et pour les remporter, je reviens promptement.

Il sort.

SCÈNE IV

LA MENNAIS, tenant la lettre.

Il dit qu'en m'écrivant il se mettait en route...
La lettre a dû courir, me chercher... (Entre Conrad.)
                             Lui, sans doute !

SCÈNE V

LA MENNAIS, CONRAD

CONRAD

Monsieur de La Mennais ?

LA MENNAIS

         Oui, Monsieur.

CONRAD, se jetant dans ses bras.

                   Mon sauveur !

LA MENNAIS, stupéfait ; assez froid.

Quels chauds embrassements ! D'où me vient la faveur ?...

CONRAD, déconcerté.

Ah ! je suis indiscret... C'est vrai... Sans vous connaître !
Excusez ce transport ; mais je n'en suis pas maître.
— Vous êtes informé par ma lettre pourtant ?

LA MENNAIS, la lui montrant.

Voyez. — Vous arrivez?

CONRAD

Oui, Monsieur ; à l'instant
La diligence arrive. On descend, je m'empresse.
Un annuaire est là ; j'y note votre adresse.
Un enfant me conduit, et j'accours en ce lieu.

LA MENNAIS

Quel dessein vous amène ?

CONRAD, rassuré, avec élan.

Ah ! j'y viens chercher Dieu !

LA MENNAIS, interdit.

Comment ?

CONRAD, avec effusion, lui prenant la main.

Écoutez-moi, vous, mon maître, mon père.

LA MENNAIS, à part.

Son père ! que veut-il ?

CONRAD

Ma fortune est prospère.
Je vis seul dans mes champs, riche, jeune, orphelin,
A moitié paysan, à moitié châtelain.

Rêveur.

Ma solitude alpestre est riante et profonde ;
Un vert et frais vallon borne pour moi le monde.
— Le souffle de mon temps m'a cependant touché :
De mon *Credo* romain je me suis détaché.
Ma foi dormait du moins. — Mais dans la solitude
Je songe tout le jour ; j'ai pour nourrir l'étude
Des livres, vieux amis, et partant peu nombreux.
En septembre, un matin, sur un rayon poudreux
Je trouvai votre *Essai...*

LA MENNAIS

Quoi ! *sur l'Indifférence ?*

CONRAD

Oui. — Je lus, je pleurai, pleurs de douce espérance.
Je commençai le soir et je lisais encor
Quand l'aube à l'Orient traçait sa barre d'or.
Oh ! cette nuit, Monsieur, dans ma salle glacée !
Nuit féconde et toujours présente à ma pensée !
— Depuis, j'ai réfléchi. — Dans un site charmant,
Je possède un beau lac, petit, calme, dormant.
Sa nappe au flot tranquille est de bois entourée :
La coupe est d'émeraude et l'onde est azurée.
— Quand le soleil décline et descend dans les eaux,
Je sors, je vais m'asseoir au milieu des roseaux,
Savourant d'être seul la volupté sauvage.
Je laisse mes regards errer sur le rivage ;

Dans cette paix des soirs, devant le ciel en feu,
Je rêve, je médite et mon cœur monte à Dieu.
Là, d'un bonheur sans Lui j'ai compris la chimère ;
Là, j'ai lu, j'ai baisé des livres que ma mère,
— Une sainte, Monsieur, — avait mouillés de pleurs ;
Livres doux et sacrés, baume de ses douleurs.
Là, ma religion, — que vous m'avez rapprise, —
Rayonnait de splendeur à mon âme surprise.
— Mais je me laisse aller au flot du souvenir...

LA MENNAIS, avec intérêt et bonté.

Laissez couler le flot ; pourquoi le contenir ?

CONRAD

Souvent je me levais ; j'entrais sous les ramures,
Dans ce bois dont la nuit endort les longs murmures,
Alors un sentiment étrange, surhumain,
M'étreignait ; je sentais une invisible main
Sur mon front frissonnant planer terrible et douce ;
Et parfois je tombais à genoux sur la mousse,
Et je criais : « Seigneur, saisis-moi, dompte-moi.
J'ai soif d'ardent amour, de lumineuse foi ! »

LA MENNAIS

Dieu vous exauçait-il ?

CONRAD

                    Oui, Monsieur. Le mystère
Se transforme à mes yeux et prend un charme austère.

Aux divines clartés bien des doutes ont fui,
Et ce qui me choquait, je l'admire aujourd'hui.
Le Pape... Rome...

LA MENNAIS, amèrement, à mi-voix.

Ah! Rome!

CONRAD, sans écouter.

Oui, je la trouve belle,
Maternelle à ses fils, terrible à tout rebelle,

(La Mennais frissonne.)

Cette Église si large en sa forte unité,
Mère, Reine et Maîtresse et douce Majesté.

LA MENNAIS, interrompant.

Au sentiment, Monsieur, vous vous laissez conduire.
C'est le vrai qui d'abord à nos regards doit luire.

CONRAD

Je l'ai vu ; la raison m'a prêté son flambeau ;
Mais l'attrait souverain, oui, pour moi, c'est le Beau.
L'Eucharistie ainsi fait tressaillir mon âme.
Ce mystère confond, — et le cœur le réclame,
Dogme obscur à l'esprit, mais si clair à l'amour...
— Mes ombres lentement fuyaient donc tour à tour.
L'aveu même, l'aveu que l'on murmure au prêtre,
Je l'abhorrais jadis ; j'ai su le mieux connaître.
— Un livre maternel par la grâce éclairé
M'a montré le pouvoir de ce pardon sacré.

« Vos doutes, disait-il, ces ténèbres aimées,
Sont de vos passions les épaisses fumées.
Pour croire, du péché déposez le fardeau :
Que le *Confiteor* vous conduise au *Credo.* »
C'est juste, et je le sens. — Affamé de lumière,
Je veux refaire en moi l'innocence première,
Et je l'attends de vous, Monsieur. C'est mon dessein...

(La Mennais pâlit.)

Mais vous souffrez ?

LA MENNAIS, d'une voix altérée.

Non, non.

CONRAD, reprenant.

... de vous ouvrir mon sein,
De tomber à vos pieds pour laver mes souillures.
Après, nous chasserons quelques ombres obscures.
L'apôtre achèvera ce qu'il a commencé.

LA MENNAIS, dominant son trouble; d'une voix saccadée.

Ainsi donc, vous voulez que par moi confessé...

CONRAD

C'est mon désir.

LA MENNAIS

Monsieur !... Mais depuis cet ouvrage,
Depuis l'*Essai,* le temps... (A part.) Aurai-je le courage ?

Il reprend.

Le temps a fui, j'ai fait quelques écrits nouveaux.

(Surprise de Conrad.)

Quoi ! vous n'avez rien su de mes récents travaux ?

CONRAD

Mais non. Je n'apprends rien dans mon humble ermitage.

(La Mennais paraît bouleversé.)

Qu'avez-vous ?

LA MENNAIS, avec accablement.

Je ne puis résister davantage.

Ici près, un moment, veuillez vous retirer.

— A bientôt... Prenez donc ce journal.

(Conrad sort par le fond. La Mennais reste assis, abattu. — Silence).

SCÈNE VI

LA MENNAIS, BÉRANGER

BÉRANGER, paraissant à la porte à droite, gaîment.

Dois-je entrer ?

Il entre sans attendre la réponse ; en riant.

Mes épreuves ? — Conrad ?

(La Mennais fait signe que Conrad est là.)

Mais votre front s'affaisse
Et vous tremblez !

LA MENNAIS, haletant.

Il vient... pour que je le confesse !

BÉRANGER

Oh ?

LA MENNAIS

Oui...

BÉRANGER

Confessez-le !

LA MENNAIS, indigné, se redressant.

Que je l'entende, moi !

BÉRANGER, goguenard.

Ou moi, si vous voulez.— Mais quel est cet émoi !
Si vous le refusez, qu'il entre ; je m'en charge.
Je serai bon enfant, paternel et très large.

LA MENNAIS, impérieux.

Laissez le ton plaisant !

BÉRANGER

Mais contez-moi le cas !
Je me creuse la tête et ne devine pas.

LA MENNAIS

C'est un'paysan riche, instruit. Dans sa vallée
Il gouverne en rêveur une ferme isolée.
Mon *Essai*, qu'il a lu, l'a frappé, l'a ravi.
Dans mes derniers travaux il ne m'a pas suivi
Et me croyant toujours...

BÉRANGER

                    J'ai le fil de l'histoire.
On vous ignore! en Suisse!... (Avec une profondeur affectée.)
                    O néant de la gloire !
— Eh ! mais, ce pauvre enfant, vous allez l'éclairer ?
De ce piège dévot il faut le retirer,
Lui déclarer tout franc, en paroles bien nettes,
Que ces dogmes vieillis au fond sont des sornettes.

LA MENNAIS

Je détruirais sa foi !

BÉRANGER

            La foi ! qu'est-ce entre nous ?
Vous l'avez dit : Jésus n'est pas... (26)

LA MENNAIS, énergique.

                    Ah ! taisez-vous !

BÉRANGER

Comment?

LA MENNAIS, après un silence.

Admettons-le ; la foi n'est qu'un beau songe.
Faudra-t-il dissiper cet innocent mensonge,
Ce rêve pur et doux ?

BÉRANGER, amèrement.

Le tyran du plaisir,
Enchaînant notre cœur, coupant l'aile au désir,
Empoisonnant les fruits du jardin de délices,
Et tournant ici-bas nos bonheurs en supplices !
La foi ! Ce joug si dur, et ce boulet de fer,
La foi montrant béants les gouffres de l'enfer ! ..

LA MENNAIS, tressaillant.

Ah ! l'enfer ! Voulez-vous que j'y lance cette âme ?

A mi-voix :

Non. C'est assez d'un seul pour l'éternelle flamme (27).

BÉRANGER, sarcastique.

Mais vous y croyez donc ?

LA MENNAIS, se redressant et le regardant dans les yeux.

Et vous ?

BÉRANGER, un peu troublé.

Oh ! je suis sûr...

LA MENNAIS, même jeu.

Vraiment ?

BÉRANGER, insouciant.

> Bah ! ce point noir troublerait mon azur.
> Mieux vaut ne pas songer à ces dogmes moroses.
> Vivons, buvons, goûtons le doux parfum des roses,
> Et quand viendra l'instant d'aller sous les cyprès,
> Nous saurons bien alors ce que l'on trouve après.

Tous deux restent pensifs. — Béranger reprend d'un ton railleur.

Vous croyez à l'enfer ?

LA MENNAIS, blessé, après une hésitation.

Oui, j'y crois ; oui.

BÉRANGER

Faiblesse !

Esprit esclave encor !

LA MENNAIS

Monsieur !

BÉRANGER

Le mot vous blesse ?

LA MENNAIS

C'est un esprit esclave à vos yeux qu'un Platon ?

BÉRANGER

Suivez-le jusqu'au bout, et croyez à Pluton !

LA MENNAIS, à lui-même, lentement, avec une conviction sombre.

Un malheur qui finit n'est point une menace...
L'homme a besoin d'un frein... — Indolent et bonace,
Le *Dieu des bonnes gens* (avec dédain) suffit au chansonnier.
Ce qu'admet le penseur, vous pouvez le nier.

Hautain.

Vous souriez ?

BÉRANGER

Sans doute, et vous y donnez prise,
O *penseur !* — Après tout, l'amitié m'autorise.

LA MENNAIS

L'amitié l'autorise ! Oh ! la belle amitié !

BÉRANGER, froissé.

Comment ?

LA MENNAIS

Mais j'en ai honte, et je me fais pitié !

BÉRANGER

Nos gloires, pensez-vous, sont trop mal assorties ?

LA MENNAIS, méprisant.

Gloire de cabarets !

BÉRANGER

Gloire de sacristies !
Ne vous abusez pas, cela se vaut, mon cher.

Méchant :

Si vous aviez le froc, nous marcherions de pair.

LA MENNAIS, furieux.

Et je suis le plus bas ?

BÉRANGER

Remontez ! — C'est facile.
Partez, courez à Rome en pénitent docile ;
Baisez le saint orteil, montrez-vous bien rampant (28).
Le Saint-Père dira : « Cher fils, il se repent ! »

LA MENNAIS, frémissant et fier.

Me soumettre ! Allons donc ! Vous me faites outrage.
Mes armes sont un chêne abattu par l'orage (29),
Avec ces mots : « je romps et ne sais pas plier. »

BÉRANGER

Mâle devise. Soit. Mais on peut l'oublier.
Quand on a dévié, brisé déjà sa ligne,
On peut changer encor sans un courage insigne.
N'a-t-on pas fait son deuil de la fière unité,
L'honneur d'une carrière et sa haute beauté ?

LA MENNAIS

Vous m'insultez, Monsieur.

BÉRANGER, tranquille, mais acerbe.

Moi ? Pas du tout. Je vise
A vous montrer l'orgueil d'une altière devise,
Est-il prudent à vous, ce ton si triomphant ?
Vous, tête de génie, et volonté d'enfant (30),
Capricieux, nerveux, changeant comme une femme,
Si fort par le talent, mais si faible par l'âme !

LA MENNAIS, éclatant.

Sortez ! et pour jamais, Monsieur ! — Sortez d'ici.

Lui jetant ses épreuves.

Remportez avec vous votre fange.

BÉRANGER, souriant et narquois.

Merci.

Le regardant en face.

Vous gardez bien toujours votre style de prêtre !
— Ma fange vivra plus que vos écrits.

LA MENNAIS

Peut-être.

Hâtez-vous de sortir !

BÉRANGER, avec une bonhomie protectrice et tranquille.

Oui, je m'en vais. — Bonsoir !
— Allons, calmez vos nerfs, dormez bien.

En sortant.

Au revoir.

La Mennais ferme violemment la porte sur lui.

SCÈNE VII

LA MENNAIS

Ce chansonnier lubrique, il me raille, il me blesse!
— Mais l'autre, l'étranger... Que ferai-je ? O faiblesse !

Amer et haineux.

Ah! sous le joug de Rome il aime à se courber...
Que j'aurais de plaisir à le faire tomber !
Un de moins à plier tremblant devant l'idole.
— Oui, mais perdre cette âme, avec une parole !
Je puis jouer la mienne, et je réponds de moi...

Allons ! qu'il soit heureux et qu'il garde sa foi !

Il va au fond et ouvre la porte.

SCÈNE VIII

LA MENNAIS, CONRAD

CONRAD, *entrant, avec intérêt.*

Ce pénible malaise est passé, je suppose ?

LA MENNAIS, *embarrassé.*

Je dois vous l'avouer, cher Monsieur; il m'impose
Un douloureux devoir.

CONRAD, inquiet.

Allez-vous refuser

De m'entendre ?

LA MENNAIS

Daignez, de grâce, m'excuser.

CONRAD

Mais plus tard... ?

LA MENNAIS

Je ne puis. Voici le nom, l'adresse
D'un confesseur, d'un saint plein de mâle tendresse.
L'honneur de votre choix était immérité.

CONRAD, protestant.

Oh ! Dieu !

LA MENNAIS

Qui, mieux que moi, sait mon indignité ?

CONRAD

Ces humbles sentiments vous en rendaient plus digne.
Enfin ! — Mais je demande une faveur insigne ;
Vous allez sur mon front étendre votre main.

Il va pour s'agenouiller.

LA MENNAIS, avec une sorte d'effroi ; le relevant.

Non !

CONRAD, interdit.

Je ne comprends pas.

LA MENNAIS, tête basse.

Vous comprendrez demain.

CONRAD

Pourtant... vous êtes prêtre ?

LA MENNAIS, d'une voix sourde et tremblante.

Oui, Monsieur, oui.

CONRAD

J'hésite...

Puis-je me présenter pour une autre visite ?

LA MENNAIS

De ma lugubre chambre oubliez le chemin.
Vous l'aimez aujourd'hui, vous la fuirez demain.

CONRAD, encore plus étonné.

Demain ?

LA MENNAIS

Oui, laissez-moi sous mon toit solitaire.

CONRAD

Nous ne nous verrons plus désormais sur la terre ?

LA MENNAIS, très bas.

C'est mieux ainsi.

CONRAD

Du moins, l'on se retrouve au ciel.

LA MENNAIS, à part.

Allons, bois jusqu'au fond cette coupe de fiel!

CONRAD

Eh bien ! je vais franchir le seuil de votre porte.
Mais il me faut un mot que dans mon sein j'emporte,
Et qui me soit de vous un dernier souvenir,
Brillant pour m'éclairer, fort pour me soutenir.

LA MENNAIS, après une pause, avec un accent ardent et fiévreux.

Soit. Je voudrais le dire en paroles de flamme.
Écoutez. — Voulez-vous garder, sauver votre âme,
Assurer votre vie et votre éternité,
Goûter la paix du cœur et la sérénité,
Sentir Dieu, conserver le don de la prière,
Marcher droit jusqu'au bout dans la même carrière?
Fuyez bien, pauvre enfant, fuyez le noir écueil,
L'écueil où tout se brise — et qu'on nomme l'orgueil (31)!

D'une voix pleine de sanglots :

— En retour de ce mot, je demande une grâce :
Priez pour moi... souvent... pour que Dieu me terrasse.

(32)

CONRAD

Vous ! Vous !

LA MENNAIS

Pour qu'affranchi de tout respect humain...

CONRAD

Mais je ne comprends pas !

LA MENNAIS, en le congédiant ; les yeux baissés.

Vous comprendrez demain.

Conrad sort par la droite.

SCÈNE IX

LA MENNAIS, ALAIN, entrant par le fond.

LA MENNAIS, tombant assis, suffoquant.

Alain ! Je suis brisé... Je souffre...

ALAIN, penché sur lui.

Mon bon maître !

LA MENNAIS

Les discours de cet homme ont broyé tout mon être.

Bas, à lui-même.

Honte poignante, hélas !... — Amer et sombre ennui !
Prier ?... (Frissonnant).
          Non !

ALAIN, qui le considère à quelques pas, les mains jointes, les yeux
au ciel, et d'un ton suppliant.

Sainte Vierge ! ayez pitié de lui !

Rideau.

Angers, Janvier 1887.

NOTE 1

(Indication du décor et du costume.)

La Mennais logeait alors dans la rue indiquée, au plus haut étage
de la maison. (Voir Napoléon Peyrat, *Béranger et La Mennais*, Paris,
Meyrueis, 1862, page 99. Ce livre fort curieux est écrit par un mi-
nistre protestant, dans un esprit étroit, haineux et sectaire.) — La
Mennais était si pauvre que Montalembert le soutenait en secret.
(Mgr Ricard, *Montalembert*, p. 75.) Le costume que nous indiquons
pour La Mennais est décrit par M. Peyrat (livre cité, p. 115).

NOTE 2

SCÈNE I

Les *Paroles?* ou bien les *Affaires de Rome?*

Les Paroles d'un croyant. — Les *Affaires de Rome* ne parurent qu'en
novembre 1836. Nous nous sommes permis cet anachronisme de
quelques mois.

NOTE 3

Maurice et Kertanguy nous le chantaient ensemble.

Maurice de Guérin et Élie de Kertanguy, deux jeunes membres de
la petite communauté établie et gouvernée par La Mennais, à La
Chesnaye. — La musique le remuait profondément.

NOTE 4

Trois ans. Rien que trois ans ? Non, trois siècles depuis.

La Mennais donna sa démission de supérieur le 7 septembre 1833.

NOTE 5

L'étang mélancolique où planait le mystère.

Les jeunes gens avaient tracé pour M. Féli (on l'appelait ainsi) une allée solitaire qui menait à l'étang. (Maurice de Guérin, *Journal, Lettres et Poëmes.*)

NOTE 6

Ce sol où mon bâton me dessinait ma tombe.

Derrière la chapelle de La Chesnaye il y avait deux pins d'Écosse. Un jour, La Mennais était assis là avec ses jeunes disciples. De son bâton, il dessina une tombe, en disant : « Oh ! que je serai bien là ! »

NOTE 7

... Le vallon, les mélèzes ;
Et Saint-Malo là-bas...

On pensera que nous avons planté des mélèzes à La Chesnaye uniquement pour rimer. Il n'en est rien. (Voir M. de Guérin, *passim.*) Saint-Malo est la ville natale de La Mennais.

NOTE 8

Votre saint frère ?...

L'abbé Jean-Marie de La Mennais.

NOTE 9

Mais votre Béranger...

Béranger et La Mennais s'étaient vus dès 1832. Leur amitié se noua vers le mois d'avril 1834. (M. Peyrat, p. 73.) Ils étaient assez intimes pour s'appeler par leurs noms : Béranger, La Mennais. — (M. Peyrat, page 268.)

NOTE 10

Ah ! la foi !... belle et noble chimère !

A la fin de 1834, La Mennais écrivait à Montalembert :
« Mes réflexions m'ont amené à de grands doutes sur plusieurs points du catholicisme, et, par suite, j'ai renoncé à toute fonction sacerdotale. » Vers la même date, à quelqu'un qui lui disait : « Le christianisme est une forme morte ou mourante, » il répondit : « Je suis entièrement de votre avis. » Plus tard, il en vint à nier la création et tomba dans le panthéisme. (*Esquisse d'une Philosophie*, tome I, p. 110.)

NOTE 11

Pour l'abstinence... eh bien ! vous observez la loi.

D'après une lettre citée par M. Ropartz (*Vie et Œuvres de M. Jean-Marie de La Mennais*, p. 462), La Mennais allait encore à la messe et observait l'abstinence en octobre 1836.

NOTE 12

SCÈNE III

... Ces oiseaux, à leurs nids si fidèles
Que votre muse un jour...

— Ma musette !...

— a chantés.

Béranger a écrit une romance bien connue sur les hirondelles. — Quand on lui parlait de sa muse, il rectifiait en disant : ma musette. Il se brouilla avec Scribe, qui avait appelé ses chansons des odes. — C'était un calcul de vanité ; il voulait rester dans la tribu des chansonniers, pour en être le roi. (M. Peyrat, p. 191.)

NOTE 13

On répand l'incendie avec les saints flambeaux... etc.

Les Paroles, livre révolutionnaire, écrit en style apocalyptique et pseudo-biblique.— L'étrange scrupule de La Mennais est un détail que nous n'aurions pas osé présenter, si c'était une fiction.

NOTE 14

... Chauves-souris, faites place aux colombes.

Béranger se cite ici lui-même. C'est un vers de sa chanson : *Le Vin de Chypre*, où il plaide contre les sombres mythologies du Nord pour les fables riantes et voluptueuses de la Grèce païenne.

NOTE 15

Que je serai bien là ! répétais-je... *O quando ?*

La Mennais murmurait un jour ce texte : *Non enim habemus hic manentem civitatem, sed futuram inquirimus.* (HEBR. XIII, 14.) Et il ajoutait : *Futuram ! O quando ?*

NOTE 16

Le franc rire gaulois...

Comme tous les mélancoliques, La Mennais avait de folles gaîtés, des *quintes*, selon le mot de Sainte-Beuve : parfois de « longs éclats de rire aigus, un feu roulant de plaisanteries et de malice. » (M. de Guérin). — Chose étrange ! Aux Feuillantines, on l'appelait « le jovial Mennais » (*sic*). — Déjà prêtre, âgé de 35 ans, il s'y livrait à des jeux « d'un genre écolier, » à « mille enfantillages » (*Vie de l'abbé Caron*, par un Bénédictin. page 560. Texte et notes. Cette page est curieuse, et donne à penser, malgré les réticences de l'auteur.) — Tous remarquent, du reste, les brusques revirements de La Mennais : parfois c'était « une âme de colère, » parfois « une douceur, une tendresse à ravir les petits enfants ; une âme tout à fait charmante. » (Sainte-Beuve.) — « La gaîté, quoique vive, tournait court chez lui, et son attitude habituelle était celle de la grande mélancolie. » (M. Peyrat, p. 111.) « Il avait le rire franc, naïf, épanoui, retentissant et en fanfare. Mais, excessif en toutes choses, il retombait brusquement dans le silence, un nuage passait sur sa face, son front devenait sombre comme la baie des Trépassés et orageux comme la Grande Cavale (*id.*, p. 212).

NOTE 17

... Il est seul, oh ! bien seul...

Tout le monde connaît le *Chant de l'Exilé*, un des plus beaux morceaux de La Mennais.

NOTE 18

Laissez pleurer celui qui n'a pas de printemps.

La Mennais se parlait souvent tout haut à lui-même, dans sa chapelle, par exemple. Il se redisait : « O mon âme, pourquoi es-tu triste ?» Mgr Ricard cite une de ces belles monodies mélancoliques ; elle finit ainsi : « Laissez pleurer ceux qui n'ont pas de printemps. »

NOTE 19

... Et l'Océan sinistre en sa plainte éternelle.

Dans les *Affaires de Rome* (p. 10), La Mennais décrit la Provence. Mais le poète breton déclare préférer à ces beaux sites riants « les côtes âpres et nues de la vieille Armorique, ses tempêtes, ses rocs de granit, battus par les flots verdâtres, ses écueils blanchis de leur écume, ses longues grèves désertes où l'oreille n'entend que le mugissement sourd de la vague, le cri aigu de la mouette tournoyant sous la nuée et la voix triste et douce de l'hirondelle de mer. »

NOTE 20

... J'ai ce rôle flatteur,
Moi, si laïque hélas ! d'être un peu directeur.

Béranger avait un goût manifeste pour conduire, pour diriger, et l'on doit lui reconnaître un sens pratique remarquable ; c'est une sagesse tout humaine, mais vraiment réfléchie, sérieuse et solide. — Il avoue lui-même « sa manie de prêcher ». Il était surpris, froissé

presque, quand on lui résistait : « Vous êtes, disait-il avec dépit à
M. Peyrat, un homme qu'on ne dirige pas. » Ailleurs, il écrit :
« Voici un prêtre, curé à quinze lieues d'ici, qui veut se mettre sous
ma direction(!). » (Lettre du 4 janvier 1839.)

Auprès de La Mennais, ce rôle flattait particulièrement sa vanité.—
« Béranger, par l'équilibre de sa haute (?) intelligence, dominait
l'autre grand génie, docile comme un enfant... M. de La Mennais avait
la simplicité de la colombe ; il était toujours mené par quelqu'un. »
(M. Peyrat, pages 268, 269.) — En effet, il se livrait parfois étrange-
ment à son ami, lui faisant les plus délicates confidences. (V. même
auteur, p. 261.) Il y avait des jours où cette âme devenait « si limpide, si transparente, qu'on voyait jusqu'au fond, comme dans une
claire fontaine. » (M. de Guérin.)

Béranger le prend avec La Mennais sur un ton presque paternel.
« C'est la meilleure pâte de petit homme qui soit au monde ; mais
le voilà sans carte et sans boussole... J'ai fait œuvre de charité, moi,
philosophe (!) d'essayer de lui indiquer son chemin... Je me suis laissé
entraîner à le morigéner. » (M. Peyrat, page 101-2.) — « Vous
parlez du secours moral que La Mennais a dû me prêter dans mes
souffrances. Oh ! mon cher enfant, quel appui j'aurais là ! (Amitié à
part, car il me montre beaucoup d'attachement. Même au milieu de
mes maux, j'étais obligé de remettre en selle ce cavalier si souvent dé-
sarçonné par son imagination maladive. » (Lettre du 4 juillet 1843.)

NOTE 21

Ses deux gros yeux stupidement ouverts...

Distique cité par Maurice de Guérin. La Mennais peint dans ses
deux vers l'impuissance prétendue de la raison individuelle qui n'a de
certitude qu'appuyée sur le *sens commun*.

NOTE 22

... De nous deux, mon cher, vous êtes le poète.

« De nous deux, c'est lui qui est le poète ; moi, je ne suis qu'un
homme de bon sens. » (Béranger.)

NOTE 23

Mon mal est trop profond ; c'est une plaie au cœur...
— Bah ! c'est sous votre crâne une énorme écritoire.

Le mot de La Mennais et la réplique de Béranger sont historiques.

NOTE 24

Mais vous avez un goût : c'est de prophétiser.

Il avait la manie des prophéties lugubres.

NOTE 25

Des chaînes, de la nuit et des éclairs sanglants.

On sait le goût de La Mennais pour le style apocalyptique. « Enfers, cachots, souterrains, égouts, images qui l'obsèdent. » (Sainte-Beuve.) — C'est « un abbé lilliputien, mais à idées larges et à style gigantesque. » (Béranger.)

NOTE 26

SCÈNE VI.

Vous l'avez dit : Jésus n'est pas... — Ah ! taisez-vous !

« Eh bien, votre La Mennais, il est arien ; je lui ai fait dire qu'il ne croit pas à... (sic). Je fais moi mon métier de diable. » (Béranger, mot cité par Sainte-Beuve.) — Béranger visitait parfois le dimanche certains personnages à moitié sortis du catholicisme et qu'il poussait à s'en dégager tout à fait. Il appelait cyniquement ces visites « sa tournée pastorale ». Lui aussi aurait pu se dire l'évêque de la libre-pensée.

NOTE 27

Ah ! l'enfer ! Voulez-vous que j'y lance cette âme ?

La Mennais avait des doutes sur la foi ; mais il était loin d'être convaincu de sa fausseté. (Voir un livre récent, *Confidences de La*

Mennais, lettres inédites, passim.) On y sent le regret poignant de la foi perdue, une agitation secrète, un tourment insigne de la pensée.— Révolte, excès, emportements, mais aussi retour de repentirs et de remords.

NOTE 28

Baisez le saint orteil ; montrez-vous bien rampant.

Le baisement du pied révolte particulièrement l'orgueil démocratique des incrédules contemporains. Ils n'entendent pas que cet hommage s'adresse à Dieu dans son représentant. La Mennais lui-même s'excusait de s'être abaissé ainsi.— « Vous avez baisé le pied du Pape,» lui disait-on. — « Ce n'est pas le pied qu'on baise, c'est la Croix.» (M. Peyrat, page 111.) — Et lui-même « se laissait baiser volontiers les mains. » (*Id., ibid.*)

NOTE 29

Mes armes sont un chêne abattu par l'orage,
Avec ces mots : « Je romps et ne sais pas plier. »

Parole authentique de La Mennais.

NOTE 30

Vous, tête de génie et volonté d'enfant.

Béranger professait la plus haute admiration pour le penseur en La Mennais. C'est, dit-il, « un homme d'un immense talent, ce qui ne préserve pas des sottises individuelles.» (M. Peyrat, page 102). «*L'Esquisse d'une Philosophie* est un admirable ouvrage, qui lui cause «une joie indicible. » La Mennais a «une plume divine; » il « vient de se placer au premier rang des grands hommes de notre nation. » (*Idem.,* p. 197.) — Mais c'est «un homme très faible et qu'on mène facilement » (p. 141); il a « des humeurs d'enfant » (p. 205), et mêm « c'est un fou, »

NOTE 31

SCÈNE VIII

L'écueil où tout se brise

— et qu'on nomme l'orgueil.

Dans ses réflexions sur l'*Imitation*, dans ses exhortations à La Ches-naye, La Mennais insistait âprement sur les dangers de l'orgueil. — Il parle, dans une lettre, de son « amour-propre qui ne se sacrifie jamais qu'à demi. » Lacordaire déclare qu'il n'a « jamais découvert dans le cœur de l'abbé de La Mennais une seule larme vraie, un seul sentiment d'humilité. » Il a vu en lui « l'orgueil, l'emportement, un cachet d'opiniâtreté et d'aveuglement qui tarit la pitié. »

NOTE 32

Priez pour moi... souvent..., pour que Dieu me terrasse.

Si l'on s'étonne de ce désir, de ce cri qui échappe à La Mennais, qu'on lise le volume indiqué à la note 27. Ces lettres intimes adressées à un ami, M. Marion, de Saint-Malo, sont pleines d'aveux. — La Mennais redoutait d'ôter la foi aux autres. « O mon ami, disait-il à M. Laurentie, qui le raconte, je serais le plus malheureux des hommes si ce que je vous dis devait vous ôter la foi. »

TABLE

1890. — ABBEVILLE, TYP. ET STÉR. A. RETAUX. — 1885.

www.ingramcontent.com/pod-product-compliance
Ingram Content Group UK Ltd.
Pitfield, Milton Keynes, MK11 3LW, UK
UKHW021009140726
13695UKWH00001B/146